Manfred Martin
Gott macht Sinn

Danksagung

Ein Buch über Gott schüttelt man nicht einfach so aus dem Ärmel. Deshalb bin ich einerseits den bibelorientierten Experten aus der Astrophysik und der Biologie dankbar, die mich bei den Themen »Urknall« und »Evolution« unterstützt haben. Es ist mir natürlich unmöglich, alle Fakten auf den Tisch zu legen bzw. jede Aussage tiefergehend zu erläutern. Trotzdem haben die naturwissenschaftlichen Lektoren die dargelegten Informationen nach Korrekturen als zwar grob geschnitzt, aber doch stimmig akzeptieren können. Für Naturwissenschaftler ist das eine sehr tapfere und konstruktive Haltung. Auch beim größeren Thema »Theologie« habe ich Hilfe und Berichtigung bekommen. Mit dem Apostel Paulus weiß jeder Christ: »Jetzt erkenne ich stückweise ...« Niemand kann den Anspruch erheben, Gott und die Bibel vollständig und endgültig begriffen zu haben. Den Helfern, die das ganze Manuskript bzw. Teile davon gelesen haben, ist es zu verdanken, dass seine theologischen Aussagen trotzdem auf einem soliden biblischen Fundament stehen.

Manfred Martin

GOTT MACHT SINN

Wenn nicht anders angegeben, wurden
Bibelzitate der Schlachter 2000 Bibel entnommen.
© 2000 Genfer Bibelgesellschaft.

Weitere verwendete Bibelübersetzungen:
NGÜ: Neue Genfer Übersetzung
© Genfer Bibelgesellschaft.
Herbert Jantzen: Das Neue Testament in deutscher Fassung,
© 1. Auflage 2007 Verlag FriedensBote.
David H. Stern: Das Jüdische Neue Testament
© Copyright der deutschen Ausgabe 1996 by Hänssler Verlag,
D-71087 Holzgerlingen.

Manfred Martin
Gott macht Sinn
Wichtige Informationen nicht nur für Zweifler
ISBN 978-3-89436-874-6

1. Auflage

© 2011: Christliche Verlagsgesellschaft mbH, Dillenburg
www.cv-dillenburg.de
Alle Rechte vorbehalten
Satz: CV Dillenburg
Umschlag: Christoph Ziegeler, www.pixel-kraft.de
Druck und Bindung: CPI Moravia, Pohorelice

Printed in Czech Republic

Inhalt

Bloß nicht Malediven 7
0:0 oder 1:0 12
Handelsübliche Theorien über Gott 15
Was hat da urgeknallt? 19
Eigentlich kann es uns gar nicht geben 33
Ein Schöpfer würde bestens passen 43
Das Gewissen zeigt auf Gott 52
Die Bibel: alles Märchen, alles Mythen, alles Quatsch? . . . 58
Gott und Götter 65
Prophetien werden Wirklichkeit 75
Prophetie für Israel: der Tempel wird zerstört,
    Juden werden vertrieben, verfolgt, umgebracht 79
Prophetie für Israel: alles wieder zurück 94
Die unglaublichste Prophetie überhaupt 100
Das Leben ist schön. Aber warum? 132
Wer, was, wie ist Gott? 137
Sünde. Sünde? 152
Jetzt kommt Jesus 158
Gottes dritte Person 164
Der Sinn von allem 167
Come back! 173
Anmerkungen 185
Weitere Literaturtipps 191
Buchempfehlung 192

Bloß nicht Malediven

Sagen wir mal, es würde Leute geben, die beim Thema »Urlaub auf den Malediven« entsetzt abwinken. »Malediven?«, sagen sie. »Nie im Leben! Weil es dort die giftigsten Schlangen gibt. Ein Biss, und du bist tot. Und Monstersandflöhe. Ein Stich, und du bist lebenslang gelähmt. Und sowieso die Menschenfressertiger. Sind nachts unterwegs. Du wachst plötzlich auf und merkst, dass so ein Vieh dein Bein im Maul hat.«

Gäbe es diese Leute, müsste etwas dramatisch schiefgelaufen sein. Sie hätten etwas Unsinniges über die Malediven gelesen oder gehört. Und geglaubt. Falsch informiert und darauf reingefallen.

So ähnlich ist es mit der Bibel und dem Gott der Bibel. Es sind jede Menge falsche Informationen und Vorstellungen über Gott im Umlauf, die Menschen daran hindern, sich mit ihm zu beschäftigen. Man ist selbst unsicher und hält sich an Meinungen und Interpretationen anderer, die aber auch nichts Genaues wissen. Da bleiben Zweifel übrig – das mit der Bibel und Gott ist wohl eine ganz fragwürdige Geschichte. Zweifel sind übrigens nichts Neues: Die allererste Frage, die in der Bibel überhaupt gestellt wird, hat mit falschen Unterstellungen erfolgreich Zweifel gesät: »Hat Gott wirklich gesagt ...?« Gläubige können in der Bibel keinen Grund für Zweifel erkennen, obwohl sie bei Weitem nicht alles verstehen. Trotzdem gilt: Was Gott gesagt hat, hat er wirklich gesagt. Zu dieser Überzeugung sind auch Bibelwissenschaftler, Altertumsforscher, Papyrologen und Archäologen gekommen; sie bezeichnen die Bibel als eine der zuverlässigsten Schriften des Altertums. Und nicht wenige Naturwissenschaftler weisen darauf hin, dass die Entstehung des Universums und des Lebens ohne Gott nicht erklärlich ist. Dadurch lassen sich aber einige Nachrichtenmagazine und Fernsehsender nicht irritieren.

Sie haben einen Automatismus entwickelt, gemäß dem sie rechtzeitig zu Weihnachten, Ostern oder Pfingsten Glaubens- und Bibelzweifel aufwärmen. Es ist selten etwas Neues dabei, sondern es handelt sich regelmäßig um die üblichen Verdächtigen: Jesus, der Sohn Gottes und die Wahrheit in Person, wird als größenwahnsinniger, verlogener Wanderprediger diffamiert und soll erst von seinen Nachfolgern zum Sohn Gottes, zum Messias und zum Erlöser und Retter der Menschheit hochgejubelt worden sein. Die Evangelisten Matthäus, Markus, Lukas und Johannes, aber auch Paulus und Petrus hätten in ihren biblischen Berichten und Briefen sowieso übertrieben, gelogen und jede Menge frei erfunden. Das ist nur ein Teil des Sortiments, das manche Printmedien und TV-Sender ihren Lesern und Zuschauern zu rechter Zeit in verlässlicher Regelmäßigkeit darbieten. Ist etwas dran an diesen Behauptungen? Sind Zweifel an Gott und der Bibel also doch berechtigt? Kann man den Redakteuren glauben? Oder sind sie es, die Märchen erzählen und falsch informieren – und nicht die Bibel?

Für Fachkreise ist die Antwort klar, man hat solche »Erkenntnisse« schon lange durchgewunken – wegen nicht vorhandener wissenschaftlicher und theologischer Substanz.

Andere machen viel mehr Krach. Am Büchermarkt rumst es richtig, wenn Richard Dawkins oder Dan Brown neue Bücher fertig haben. Alles Bestseller. »Der Gotteswahn«, ein Buch des Evolutionsbiologen und Zoologen Dr. Richard Dawkins zum Beispiel ist mit wissenschaftlichem Anspruch radikal atheistisch ausgerichtet. Er behauptet, dass Gott eine Wahnvorstellung sei, von Religionen nur Schlechtes komme und beides dumm und gefährlich sei. Der Glaube an Gott, sagt Dawkins, sei eins der größten Übel der Welt – wie Pocken, aber schwieriger auszurotten. Seit 2003 vergibt die *Atheist Alliance International* (Internationaler Atheisten-Verband) den *Richard-Dawkins-Award*. Preisträger im Jahr 2009 war der US-amerikanische Talkmaster und Komiker Bill Maher, und zwar wegen seines Dokumentarfilms »Religulous«. Der Titel ist eine Wortmischung aus »Religion« und »ridiculous« (albern, lächerlich). Richard Dawkins unterstützte auch eine Aktion, bei der Ende 2008/Anfang 2009 Londoner Busse mit dem Slogan »There's probably no god. Now stop worrying and enjoy your life« beklebt wurden (»Es gibt wahrscheinlich keinen Gott. Sorge dich nicht und genieße dein Leben«). Damit wird der Atheismus als vernünftige Lebenseinstellung verkauft; die Menschen sollen das Leben einfach sorglos genießen. Doch man kann sich anscheinend nicht sicher darauf verlassen, dass es keinen Gott gibt, denn immerhin steht das einschränkende Wort *wahrscheinlich* im Satz. Diese Unsicherheit über Existenz oder Nicht-Existenz Gottes schwingt auch im Bestseller »Der Gotteswahn« mit. Dort sagt Dawkins, dass es »mit ziemlicher Sicherheit« oder »großer Wahrscheinlichkeit« keinen Gott gebe. So ganz klar ist die Sache wohl nicht mal für Atheisten.

Man kann sich mit Richard Dawkins und anderen atheistischen Wissenschaftsautoren wie Sam Harris, Daniel Dennett und Christopher Hitchens fachlich auseinandersetzen, und das wurde auch geleistet. Zum Beispiel in den öffentlichen Debatten zwischen Richard Dawkins bzw. Christopher Hitchens und John Lennox. Lennox ist Professor für Mathematik, »Fellow for Mathematics and Philosophy of Science« am *Green Templeton College*, Christ und bekannter Verteidiger des Glaubens. Pikanterweise haben sowohl Dawkins als auch Lennox einen Lehrstuhl an der britischen Elite-Universität Oxford.

Dan Brown ist kein Wissenschaftler wie Dawkins, er schreibt pseudo-wissenschaftlich, wobei er gesicherte Erkenntnisse ignoriert. In seinem Buch »Sakrileg« behauptet er, dass Jesus mit Maria Magdalena ein Kind gehabt habe, Maria sei nach der Kreuzigung von Jesus nach Frankreich geflohen, wo eine Tochter (Sarah) geboren worden sei. Das Blut von Sarahs Nachkommen habe sich im 5. Jahrhundert mit dem der Franken vereint und die Dynastie der Merowinger hervorgebracht, Urahnen der französischen Herrschergeschlechter. Dan Brown meint auch, dass die Evangelien des Neuen Testaments weitgehend erfunden seien und es bei der Zusammenstellung der Bibel nicht mit rechten Dingen zugegangen sei. Er ist der Linie seiner Vorgänger Michael Baigent und Richard Leigh gefolgt, die Bestseller wie »Der heilige Gral und seine Erben« oder »Verschluss-Sache Jesus« geschrieben haben. Auch hier findet man so aberwitzige und falsche Behauptungen, dass Wissenschaftler und Theologen keinen Sinn darin sahen, sich mit diesen Büchern zu beschäftigen. Sie werden als das eingestuft, was sie sind: Romane. Vielleicht spannende Fantasie und prickelnde Verschwörungstheorie – aber mehr nicht. Doch in der Öffentlichkeit geschieht gerade bei einem Buch wie »Sakrileg« etwas Verrücktes: Obwohl voller Fiktion und unhaltbarer Behauptungen, ist man davon überzeugt, dass »etwas dran sein muss«. Da ist jemand, der den christlichen Glauben als Legende und Wunschvorstellung entlarvt, da wird hinter Kulissen geschaut, werden bisher verborgene Informationen ans Licht gebracht und vertuschte Wahrheiten aufgedeckt. Meint man.

Sakrileg wurde bisher in 44 Sprachen übersetzt und weltweit über fünfzig Millionen Mal verkauft. Da setzt sich unweigerlich in vielen Köpfen sehr viel Falsches fest. Man ist einerseits geneigt, pseudowissenschaftlichen Fiktionen zu glauben, andererseits werden die biblischen Berichte als hochgradig unglaubwürdig eingestuft. Hier wirkt das Malediven-Syndrom: Man hält Märchen für wahr und die Wahrheit für ein Märchen. Der jüdische Theologe David Flusser sagte einmal: »Es ist erstaunlich, was Menschen alles bereit sind zu glauben, damit sie nicht glauben müssen, was geschrieben steht.«

In diesem Buch geht es darum, sich ein paar Tatsachen über den Gott der Bibel und die Bibel selbst anzuschauen. Absicht ist, bei

Leserinnen und Lesern eine Bereitschaft zu erzeugen, sich auf diese Themen einzulassen. Und das Urteil »Bloß nicht Malediven«, sprich Gott, noch mal zu überdenken. Denn es gibt unübersehbare Hinweise darauf, dass der Gott der Bibel wirklich existiert, und es gibt Beweise für die Glaubwürdigkeit der Bibel. Denn die Existenz des Universums und des Menschen sind mit Gott besser zu erklären als ohne ihn. Für die Glaubwürdigkeit der Bibel sprechen ihre thematische Stimmigkeit und innere Harmonie sowie erfüllte Prophetien. Beispielhaft werden hier Prophetien für Israel und ihre heute sichtbaren Erfüllungen genannt, aber auch Prophetien über das Zentrum der Bibel und des Glaubens: Jesus Christus. Hier sind also schlaglichtartig ein paar Fakten zusammengefasst, die nur eins sagen wollen: Langsam! Es könnte nämlich sein, dass Gott kein Quatsch ist und die biblischen Texte keine Märchen sind. Es könnte nämlich das Gegenteil wahr sein: dass Gott und die Bibel Sinn machen. Und zwar den einen, alles entscheidenden Sinn.

Nun kann man natürlich sagen: Schön und gut, Gott macht vielleicht Sinn. Aber das kann er auch ohne mich. Und ich habe bisher ohne ihn gelebt, ohne dass mir etwas gefehlt hätte. Also: Wozu brauche ich Gott? Was soll ich mit ihm anfangen? Die knappe Antwort ist: Genau das steht in der Bibel. Aber dazu kommen wir noch.

0:0 oder 1:0

Wenn es keinen Gott gibt, ist mit dem Tod alles zu Ende. Das glauben nicht-gläubige Menschen. Die materiellen Bestandteile des Körpers lösen sich auf, und was den Menschen zum Menschen gemacht hat – Geist und Seele –, wird zu Nichts. Was bleibt, sind die Erinnerungen der Hinterbliebenen. Wenn es Gott aber gibt, geht das Leben für die, die an ihn glauben, mit diesem Gott in einer wunderschönen Ewigkeit weiter, sagt die Bibel. Alle anderen landen in einem extrem unangenehmen Zustand. Der ganz praktische Verstand kommt deshalb zu folgendem Schluss: Wenn es den Gott der Bibel nicht gibt, ist sowohl für Gläubige als auch für Nicht-Gläubige nach dem Tod alles zu Ende. Keiner hat etwas verloren oder gewonnen, alle landen im gleichen Nichts. Das Spiel endet 0:0. Sollte es Gott aber doch geben, dann sind die an ihn Glaubenden nach dem Tod gut dran (in der Bibel heißt es »selig«), aber allen anderen wird es extrem schlecht gehen. Also 1:0 für die Gläubigen. Rein taktisch gesehen wäre man mit dem Gott der Bibel einfach besser dran, weil es entweder nichts zu verlieren oder alles zu gewinnen gibt. Aber es ist noch kein Mensch aus Berechnung zu Gott gekommen, sondern immer nur als Fragender. Auslöser dafür sind oft persönliche Krisen wie schwere Krankheit, der plötzliche Tod von Nahestehenden oder Arbeitslosigkeit. Wenn so die Routine des Lebens mit einem Schlag gestoppt wird, fragt man sich, warum es so gekommen ist und wie es weitergehen soll. Dann werden auch die grundsätzlichen Fragen gestellt: Wer bin ich? Woher komme ich? Was ist der Sinn des Lebens? Geht es nach dem Tod weiter oder nicht? Milliarden Menschen haben bei Gott die Antwort auf diese Fragen gefunden.

Gott selbst möchte, dass Menschen wissen, wer er ist. Deshalb gibt er sich im Alten und Neuen Testament zu erkennen. Gott offenbart sich in einer Art und Weise, dass jeder Mensch Informationen über ihn bekommt. Er gibt Auskunft über sein Wesen, also über seine Person und seinen Charakter, und berichtet über seine Tätigkeiten, nämlich das Planen, das Erschaffen und das Regieren. Und er teilt mit, wie seine Beziehung zum Menschen ist und welcher Sinn darin liegt. Gott will, dass der Mensch weiß, was er denkt, was er tut, wie er fühlt. Denn Gott verlangt keinen blinden Glauben. Er erwartet auch keinen Glauben, der komplett im Widerspruch zum Verstand steht, den er dem Menschen gegeben hat. Gott informiert den Menschen über sich, biblisch gesprochen: Er »offenbart« sich. Diese Informationen gibt er aber nicht, damit der Mensch sie nur verstandesmäßig abnicken kann, sondern sie enthalten die geistliche Wahrheit über den dreieinen Gott – und lassen sich nur mit seiner Hilfe als solche erkennen. Wer also die Offenbarungen Gottes über ihn selbst nur intellektuell aufnimmt, der hat noch keinen Glauben und im Grunde nichts verstanden. Denn Verstehen und Glaube müssen tiefer gehen – bis ins Herz. Und das heißt: Gott zu lieben. Nur die Liebe, nicht der pure Verstand, bringt Frucht, wie die Bibel sagt. Was bedeutet Frucht? Es ist eine grundsätzliche Haltung, sichtbar in konkreten Taten. Der Apostel Paulus sagt es in seinem Brief an die Galater: »Die Frucht des Geistes aber ist Liebe, Freude, Friede, Langmut, Freundlichkeit, Güte, Treue, Sanftmut, Selbstbeherrschung« (Neues Testament/NT, Brief des Paulus an die Galater, Kapitel 5, Vers 22).

Ein Thema ist deshalb der ganzen Bibel wichtig: Der Glaube an Gott. Besser gesagt: das Vertrauen in Gott. Das Wort »glauben« ist die Übersetzung des griechischen *pisteuein* mit der Grundbedeutung »vertrauen«. Ursprünglich gemeint war also nicht das unbestimmte »ich weiß nicht, ich bin nicht sicher«, sondern im Gegenteil: »Ich verlasse mich auf ..., ich binde meine Existenz an ...« Biblisch definiert ist Glaube nicht das Gegenteil von Wissen, sondern drückt die Überzeugung aus, dass das, was man nicht sieht, absolut wahr ist. Anselm von Canterbury, ein Philosoph des Mittelalters, hat es so ausgedrückt: »Ich glaube, damit ich verstehe.« Man könnte auch sagen: Der Verstand kann nicht glauben, aber der Glaube versteht.

Doch wie kommt man zu diesem Glauben? Die Bibel sagt, dass er ein Geschenk Gottes ist. Das bedeutet: Es geht darum, ob der Mensch dieses Geschenk annimmt. Man kann den Gott der Bibel und was mit ihm zu tun hat zum Teil intellektuell abnicken. Aber es ist sinnlos, dabei stehen zu bleiben, das ist auch nicht die Absicht Gottes für den Menschen. Der entscheidende Schritt ist, sich auf seine Botschaft einzulassen. Das heißt: Gott die Möglichkeit zu geben, Leben prägend zu verändern. Und Veränderungen kosten immer etwas, nämlich grundsätzlich die Aufgabe von etwas Bestehendem. Es stellt sich also die Frage, ob ein Mensch das Geschenk des Glaubens annimmt und sein Leben von Gott neu gestalten lässt. Es besteht dabei kein Anlass, darüber besorgt zu sein, dass einem irgendetwas Wichtiges und Wertvolles weggenommen wird. Im Gegenteil: Was wirklich lebenswichtig und wertvoll ist, bekommt man erst. Und das Leben ändert sich.

Handelsübliche Theorien über Gott

Viele Menschen haben Probleme mit Gott. Der Grund sind meist falsche und nicht überprüfte Vorstellungen über ihn. Hier wirkt das Malediven-Syndrom: falsch informiert und geglaubt. Mit der Folge, dass Gott nicht akzeptabel ist. Diese falschen Gottesbilder können zu einer ungeahnten Gemeinsamkeit zwischen Nicht-Gläubigen und Gläubigen führen: an den Gott, an den viele nicht glauben, glauben auch Gläubige nicht. Weil es ein verfälschter Gott ist. Die Liste der hausgemachten Gottesvorstellungen ist lang, hier werden sechs Beispiele vorgestellt, die auf den vordersten Plätzen liegen.

Die Revolverheld-Theorie
Manche meinen, dass Gott eine ähnlich rüde Methode anwendet wie diese Wegelagerer im Wilden Westen. Die haben den Colt gezückt und mit messerscharfer Stimme gedroht: »Geld her, oder du bist ein toter Mann!« Die Revolverheld-Theoretiker sehen das ähnlich. Gott sagt gnadenlos: Entweder du glaubst an mich, oder du fährst zur Hölle. Und von einem Gott, der so brutal droht, will man nichts wissen.

Die Sadismus-Theorie
Die Anhänger dieser Theorie sind der Meinung, dass Gott verlange, man solle das ganze Leben lang ein Mensch voller reiner Gedanken und guter Taten sein. Alles, was Spaß mache, sei verboten. Nach dem Tod komme man dann vor ein Gericht, wo das alles nachgeprüft werde und Gott entscheide, ob man bestanden habe oder durchgefallen sei. Wobei aber die Messlatte so hoch gelegt ist, dass eigentlich kein Mensch die Qualifikation schaffen kann. Warum soll man sich also quälen, wenn man

sowieso durch die Prüfung fällt? Ausnahmen leben vielleicht in verriegelten Nonnenklöstern, weit weg von Sex and Drugs and Rock'n Roll.

Die Moralismus-Theorie
Bei dieser Gottesvorstellung haben wir es mit einer Variante der Sadismus-Theorie zu tun. Nur dass Gott nicht unerfüllbare Forderungen stellt, sondern man sich selbst als nicht gesellschaftsfähig sieht. Es gibt da Vorkommnisse im Leben, von denen man weiß, dass sie nicht wirklich in Ordnung sind. Es gibt Gedanken, Gefühle und Taten, die man am liebsten sogar vor sich selber verbergen möchte. Und ein Gott, von dem es heißt, dass er alles sieht und weiß und genaue Vorstellungen von Gut und Böse hat, dieser Gott kann sich mit einem so fragwürdigen Menschen nicht abgeben. Mit einer schwarzen statt weißen Weste ist man nicht willkommen bei Gott. So wie fettige Haare, Mundgeruch und Achselschweiß keine Empfehlung sind, um zur Party eingeladen zu werden. Heißt: Man ist nicht gut genug für Gott und wird es auch nie werden.

Die Marionetten-Theorie
Hier wird Gott als großer Strippenzieher gesehen, der Menschen zu willenlosen Marionetten machen will. Man hat nichts Eigenes mehr, darf nicht der sein, der man ist, und spürt irgendwann keine Bedürfnisse und Wünsche mehr. Nicht mein Wille, sondern *sein* Wille geschieht. Dieser Gott hat viel Ähnlichkeit mit Sektenführern, die mit Druck, Manipulation und Gehirnwäsche aus ehemals normalen Menschen willenlose und fanatische Abhängige machen. Aber wer will schon eine Gottes-Marionette sein? Das braucht kein Mensch.

Die Gutmensch-Theorie
Die allermeisten Menschen werden von sich sagen, dass sie keine Schwerverbrecher sind. Sie haben noch nie jemanden umgebracht, sind keine Kinderschänder, keine Wirtschaftskriminellen, keine Betrüger und notorischen Lügner. Also ein schlechter Mensch ist man nun wirklich nicht. Außerdem sieht man, dass Christen auch keine Heiligen sind. Und sowieso: Wer ohne Sünde ist, werfe den ersten Stein. Deshalb braucht man sich von Christen oder von ihrem Gott nicht einreden lassen, man wäre ein schlechter Mensch und müsse sich dringend ändern.

Die Wissenschafts-Theorie
Die absolute Nummer 1 auf der Hitliste der Gottes-Theorien behandelt die Sache ganz grundsätzlich und hat eine klare Botschaft: Wir brauchen keinen Gott. Verfasst und unter die Menschheit gebracht wurde und wird diese höchst erfolgreiche Theorie von der Wissenschaft. Und man muss sagen: ohne üble Absicht. Natürlich kann die Wissenschaft weder die Existenz noch die Nicht-Existenz Gottes beweisen. Er gehört auch gar nicht zu ihren Forschungsbereichen. Und wenn die Wissenschaft morgen Beweise für die Existenz Gottes präsentieren würde, dann hätte sie irgendetwas entdeckt – aber mit Sicherheit nicht den Gott der Bibel. Mit welchen Instrumenten will man denn einen allwissenden, allgegenwärtigen, allmächtigen, nicht sichtbaren, nicht greifbaren und ewigen Gott untersuchen? Gott ist kein Objekt, das sich direkt beobachten, in Einzelteile zerlegen, messen und analysieren lässt. Trotzdem haben vor allem Naturwissenschaftler viele Jahrhunderte lang vor einem christlichen Hintergrund geforscht. Wenn sie etwas Neues entdeckten, dann war das wieder ein Hinweis auf Gott, auf seine Kreativität und Intelligenz. Keith Ward, emeritierter Professor der Universität Oxford, sagt: »Es schien der Mehrzahl derer, die tief über die Herkunft und das Wesen des Universums nachgedacht und

darüber geschrieben haben, so zu sein, dass das Universum über seine eigenen Grenzen hinweg auf einen nicht-physikalischen Ursprung großer Intelligenz und Kraft hinweise. Fast alle großen klassischen Philosophen – darunter Platon, Aristoteles, Descartes, Leibniz, Spinoza, Kant, Hegel, Locke, Berkeley – meinten, der Ursprung des Alls liege in einer transzendenten Wirklichkeit. Zwar hatten sie unterschiedliche Meinungen über diese Wirklichkeit [...], aber es war für sie offensichtlich, dass das Universum sich selbst nicht erklärt und daher eine Erklärung von jenseits seiner selbst benötigt.« [1]

Doch seit der Aufklärung – und besonders seit Mitte des 18.Jahrhunderts und der Evolutionstheorie – sind Naturwissenschaftler immer mehr zur Überzeugung gelangt, dass für die Entstehung von Himmel, Erde und Mensch ein Schöpfergott nicht mehr erforderlich sei. Jetzt hatte man wissenschaftliche Modelle, die die Wirklichkeit und ihre Ursachen erklärten. Und zwar ohne Gott. So hat die Wissenschaft den Schöpfergott der Bibel als irrationale Größe eingestuft und ihn in der Schublade mit der Aufschrift »unwissenschaftlich« abgelegt. Denn der Verstand und die wissenschaftlichen Ergebnisse belegten jetzt klar, dass man Gott nicht mehr brauche, um den Ursprung des Universums und des Menschen zu erklären. Man hat etwas Handfesteres: den Urknall und die Evolutionstheorie. Diese naturwissenschaftliche Basis versetzt sogenannte »aufgeklärte« Menschen in die komfortable Lage, alles, was mit Gott zu tun hat, als eigenartige, naive Sichtweise jenseits aller Fakten und des gesunden Menschenverstandes abzuwerten.

Was hat da urgeknallt?

In der breiten Öffentlichkeit werden Urknall- und Evolutionstheorie als nicht mehr zu hinterfragende wissenschaftliche Standard-Modelle empfunden. Beide werden in Schulen und Universitäten gelehrt. Für beide Modelle treten Wissenschaftler ein und bezeichnen sie als gesicherte und einzig mögliche Theorien über die Entstehung des Universums und des Lebens. Mit dem Urknall beginnt alles, durch ihn ist das Universum entstanden und in seiner weiteren Entwicklung auch das Leben auf der Erde und der Mensch.

Die Urknall-Theorie geht davon aus, dass unser Universum das Ergebnis eines rätselhaften Ereignisses war: Vor ca. 14 Milliarden Jahren hat irgendein Etwas aus irgendeinem Grund seinen Zustand verändert, wodurch alles, was ist, Realität wurde. Dieses anfängliche Etwas könnte eine rätselhafte Singularität gewesen sein, ein mathematischer Punkt mit null Dimensionen. Es gibt viele Theorien. Sicher ist nur: Der Anfang des Universums muss nach naturwissenschaftlicher Ansicht komplett lebensfeindlich und ohne gesetzmäßige Ordnung gewesen sein. Die Urknalltheorie sagt, dass dieses Anfangs-Etwas aus irgendeinem Grund in weniger als einer Billionstel Sekunde seinen Zustand änderte. Es explodierte. Diese Unregelmäßigkeit wird Urknall (*Big Bang*) genannt. Es entstand Strahlungs-Energie, sie dehnte sich aus, kühlte ab, kondensierte und verklumpte zu Materie. Daraus, so wird angenommen, entstanden innerhalb von ein paar Milliarden Jahren die ca. 100 Milliarden Galaxien (Milchstraßen) unseres Universums mit jeweils durchschnittlich 100 Milliarden Sternen, darunter der Zentralstern unseres Sonnensystems und die Erde selbst. Insgesamt bedeutet das: Nach der Urknall-Theorie wird als Anfang unserer Welt eine

Explosion von »Etwas« festgelegt, mit der Zeit und Raum begonnen haben. Man weiß nicht, wie dieses Etwas beschaffen war. Man weiß nicht, warum es seinen Zustand plötzlich veränderte und explodierte. Man weiß also nicht, warum die Dinge so wurden, wie sie sind.

Aber die Fragen beginnen schon viel früher: Was war vor dem Urknall? Was hat ihn ausgelöst? Unser Verstand und unsere Erfahrung sagen uns, dass jeder Anfang und jede Veränderung eine Ursache haben müssen. Aber wenn es für den Urknall eine Ursache gegeben haben sollte, was war davor? Was war also die Ursache für das Ereignis, das den Urknall ausgelöst hat? Und wenn man eine Erklärung dafür hätte, was war die Ursache für diese Ursache? Und was war wieder davor? Keiner weiß es. Die Wissenschaft hat höchstens spekulative Theorien zu bieten, die sich nie überprüfen lassen werden. Eine Antwort aufgrund von Fakten gibt sie nicht. Denn es ergeben sich zwei grundsätzliche Probleme: Entweder muss man eine unendliche Abfolge von Ursachen und Wirkungen annehmen. Das bedeutet aber, dass es keinen definierbaren Anfang gibt, ab dem unser Universum entstanden ist. Es existiert also, ohne dass es begonnen hätte zu existieren. Das wäre aber für die Naturwissenschaft eine absolut unakzeptable Theorie. Oder die zweite Möglichkeit: Das Universum hatte einen Anfang. Dann muss vorher aber »Nichts« gewesen sein, das Universum wäre demnach aus »Nichts« entstanden. Auch diese Theorie ist für Naturwissenschaftler nicht annehmbar: Denn etwas kann nicht aus Nichts entstehen. Und so haben die Kosmologie und Astrophysik schon mit dem Anfang des Universums große Schwierigkeiten – entsprechend viele Erklärungsversuche gibt es. Die Urknall-Theorie wird deshalb bei Weitem nicht von allen Astrophysikern akzeptiert. Die Quantenphysik geht der Problematik von Ursache und Wirkung schon gar nicht nach. Sie stellt stattdessen fest, dass man nicht von Kausalität sprechen könne, sondern alles würde sich nur noch im

Bereich von Wahrscheinlichkeiten abspielen. Heißt: Was mit dem Urknall und den Phasen davor zu tun hat, ist für die Physik nicht eindeutig in den Griff zu bekommen. Die Forscher stehen vor dem Problem, dass sie die Fragen nach dem Ursprung des Universums nicht beantworten können, weil sie die Physik dieser Zustände nicht kennen. Aber auch das, was sichtbar und messbar ist, bereitet Probleme: Woher kommen eigentlich die ganze Materie und Energie, aus denen die Erde, Sterne und Galaxien aufgebaut sind? Denn die Gesetze der Physik sagen klar und deutlich, dass Materie nicht von selbst entstehen kann. Das widerspräche dem Energieerhaltungssatz, der zu den grundlegendsten Naturgesetzen überhaupt gehört. Er sagt aus, dass Energie nicht gebildet oder vernichtet werden kann, sondern sich nur in eine andere Form umwandelt, also immer erhalten bleibt. Aber warum gibt es Materie im Universum und woher kommt sie? Warum gibt es überhaupt etwas und nicht Nichts? Man weiß es nicht.

Und es gibt noch mehr ungelöste Fragen. Man weiß nicht nur nicht, wie es zu diesem vermuteten Urknall kam und woher Energie und Materie stammen, sondern man kann sich auch ein weiteres Phänomen nicht erklären: Warum ist unser Universum so geordnet? Denn man stellt eine sinnvolle Komplexität und Symmetrie fest, eine Wechselwirkung der Galaxien, Sterne und Planeten mit messbaren Konstanten, die in ganz engen Grenzen festgesetzt sind. Als Folge eines blinden, zufälligen, ungesteuerten Urknalls wäre jedoch nicht Ordnung, sondern Chaos zu erwarten gewesen. Denn schon bei minimalsten Abweichungen bei den vier fundamentalen Kräften – der starken und der schwachen Kernkraft, der elektromagnetischen und der Gravitationswechselwirkung – würde es kein Weltall, keine Milchstraße, keine Sonne, keine Erde und kein Leben geben. Weil diese Grundkonstanten jedoch exakt den Wert besitzen, den sie haben, und weil alle Beziehungen und Größenverhältnisse zwischen den Konstanten so sind, wie sie sind, ist der Zustand des Kosmos festgelegt. Insgesamt sind 37 Naturkräfte und -konstanten bekannt, die mit ihrer präzisen und dauerhaften Existenz Leben erst möglich machen. Auch wenn nur ein einziger Wert minimal größer oder kleiner wäre, hätten wir ein völlig anderes, lebensfeindliches Universum. Zum Beispiel: Die Expansionsrate und die Schwerkraft sind mit einer Genauigkeit von etwa $1:10^{55}$ aufeinander abgestimmt. Wäre die Expansion stärker, könnten keine Galaxien und Sterne entstehen. Wäre sie geringer, so wäre das Weltall schon vor jeder Sternbildung wieder kollabiert. Oder die starke Wechselwirkung (Kernkraft): Wäre sie nur um 0,3% größer oder um 2% kleiner, könnte es kein Leben geben. Oder der Elektromagnetismus: Wäre diese Feinstrukturkonstante kleiner, gäbe es keine Sterne mit mehr als 0,7 Sonnenmassen; wäre sie größer, keine Sterne mit weniger als 1,8 Sonnenmassen. Das heißt: Schon Abweichungen von wenigen zehntel Prozent hätten die Entstehung unseres Universums und des Lebens verhindert. [2]

Fragt sich also: Wie kam die bis aufs Feinste abgestimmte zuverlässige Ordnung im Universum, diese Genauigkeit und Vollkommenheit zustande? Wie konnten aus einem vermuteten chaotischen Startpunkt, der viel kleiner war als ein Atom, 100 Milliarden Galaxien mit ca. 100 Milliarden Sternen entstehen, darunter unsere Milchstraße, darin unser Sonnensystem, darin unsere Erde, darauf die Natur und darin wir selbst? Wie kommt es, dass die Naturkonstanten dauerhaft genau die Werte besitzen, die die Existenz des Menschen möglich machen? Wer oder was hat diese Gesetze und ihre Feinabstimmung verursacht, die ein geordnetes Universum hervorgebracht haben?

Erste Vermutung: alles Zufall.
Das sagt die Urknall- und Evolutionstheorie. Das Universum ist nach dieser Lehre einfach mal so entstanden. Der Grund für das

Vorhandensein einer geordneten und fein abgestimmten Schöpfung ist danach also, dass sich die Naturkonstanten nach dem Urknall zufällig so eingependelt haben, dass Leben auf einem Planeten wie unsere Erde möglich wurde. Der britische Physiker und Mathematiker Sir Roger Penrose errechnete die Wahrscheinlichkeit für diesen Zufall: 1 zu 10 hoch 10 hoch 123. »Das ist eine außergewöhnliche Zahl. Man könnte sie in der gewöhnlichen Dezimalnotation nicht einmal vollständig hinschreiben. Sie wäre eine 1 gefolgt von 10 hoch 123 Null-Ziffern! Selbst wenn wir auf jedes einzelne Proton und auf jedes einzelne Neutron im Universum eine ›0‹ setzen würden – wir könnten sogar noch obendrein sämtliche übrigen Teilchen dazu verwenden –, würden wir unser Ziel, die erforderliche Zahl auszuschreiben, weit verfehlen.« [3]

Die Wahrscheinlichkeit, dass sich alle Naturkonstanten zufällig ergeben haben, muss also als Null angesehen werden. Aber diese festen Werte existieren. Woher kommen sie und warum sind sie gerade so beschaffen, dass unser Universum entstehen konnte und Leben möglich ist? Die Naturwissenschaftler haben keine Antworten. »Die Naturkonstanten spiegeln zugleich unser größtes Wissen und unsere größte Ratlosigkeit wider, [...] wir messen sie mit immer größerer Genauigkeit, aber wir können ihre Werte nicht erklären« (John Barrow, Astrophysiker an der Universität Cambridge und Träger des Templeton Preises, des höchst dotierten Wissenschaftspreises der Welt). [4]

Zweite Vermutung: viele Welten.
Um der totalen Unwahrscheinlichkeit der zufälligen Entstehung der Naturkonstanten, der Erde und des Lebens auf der Erde zu entgehen, haben einige Physiker eine Hilfskonstruktion gebaut. Sie sagen: Vielleicht gibt es nicht nur *ein* Universum, sondern *viele*. Aber wie viele komplett unterschiedliche Universen, sogenannte *Multiversen*, mit allen möglichen Anfangsbedingungen,

Strukturen, Naturkonstanten und -gesetzen müssten existieren, damit auch unser Universum mit seinen einzigartigen Eigenschaften darunter sein könnte? Man kommt auf die nicht fassbare Zahl von 10^{500}, eine 1 mit 500 Nullen. Zum Vergleich: In unserem gesamten Universum gibt es 10^{80} Elektronen (der Durchmesser eines Elektrons beträgt 1/10 des Durchmessers des Atomkerns).

Eine Version der Multiversum-Theorie behauptet sogar, dass jeder Mensch (oder dessen Bewusstsein) in jedem Moment in unendlich vielen verschiedenen Kopien auch in den anderen Welten existiert. Wenn alles Mögliche Realität werden kann, dann ist unser Universum eben darunter das eine, das unser ganz spezielles Leben möglich macht. Wenn alles Mögliche möglich ist, dann eben auch unser Universum mit seinen spezifischen Naturkonstanten. Nichts Besonderes also. Unter Physikern gilt das Viele-Welten-Modell als rein spekulativ. Das wird es auch bleiben, weil die anderen Universen nie beobachtet werden können. »Ehrlich gesagt, ist das der verzweifelte Versuch, um Gott herum zu kommen. Man versteht nicht, warum dieses eine Universum so wahnsinnig tolle Eigenschaften hat, also versucht man, das mit vielen Universen zu machen. Das ist für mich ein naturwissenschaftlich völlig sinnloser Ansatz, denn andere Universen entziehen sich per Definition einer experimentellen Überprüfung. Also warum sollte ich mir darüber Gedanken machen. Es ist natürlich eine philosophische Frage: Wie geht man damit um? Will man jetzt alles durch viele Welten klären, hat man praktisch so ein Casino – Monte Carlo –, wird hier gewürfelt, wird da gewürfelt, und überall sind die Universen am Ackern? Dann bin ich natürlich auch ethisch für nichts verantwortlich. Wenn es hier nicht läuft, dann läuft's in 'ner anderen Welt, also wird's schon irgendwie werden. Die interessantere Aussage ist: Es gibt nur ein Universum, und wir sollten darüber nachdenken, kann es einen Designer dafür gegeben haben? Im

Übrigen verschiebt die Multi-Welten-Theorie die Frage ja auch nur weiter nach hinten, wer dann zuständig ist für diese ganzen Multiversen. Letztlich sind das eben Grenzfragen, die wir nicht beantworten können« (Dr. Harald Lesch, Professor für theoretische Astrophysik). [5]

Dritte Vermutung: alles Absicht.
Wenn unser Universum nicht exakt abgestimmt wäre, dann könnte kein Leben auf der Erde existieren. Aber die Wahrscheinlichkeit, dass diese Feinabstimmungen ganz zufällig entstanden sind, muss als Null betrachtet werden. Trotzdem: Es gibt dieses Universum, diese Erde, und es gibt uns Menschen. Wir leben in einer kosmischen Umwelt, die exakt auf das Leben abgestimmt und rational erklärbar ist. Deshalb bleibt eigentlich nur eins übrig: Es muss einen übernatürlichen Einfluss hinter unserer Existenz gegeben haben und immer noch geben. Es muss hinter unserem rational erfassbaren Universum ein Plan und eine intelligente Absicht stecken, also auch ein Planer, ein Schöpfer. Das sagt auch die Bibel: Gott als Schöpfer ist die Voraussetzung für alles, was ist. Hätte er nicht »Himmel und Erde« erschaffen, gäbe es nichts. Es gibt eine Menge Naturwissenschaftler, die die lehrmäßige Theorie über den Urknall in Frage stellen und Gott in ihre Überlegungen einbeziehen. Andere sprechen von einem übernatürlichen Wesen, einer Kraft, Macht oder Intelligenz (wobei sie damit nicht den Gott der Bibel meinen). Aber alle sehen sich durch ihre Forschungen dazu gezwungen feststellen, dass das Universum eindeutig auf den Menschen zugeschnitten und deshalb sinnvoll ist. Und dass ein Sinn-Geber da sein muss. [6]

Der Elementarteilchenphysiker *Dr. John Polkinghorne*, ehemaliger Professor für mathematische Physik an der *University of Cambridge*, Mitglied der *Royal Society Großbritanniens*, geehrt mit dem

Knight of the British Empire und später Theologe, sagt: »Das Universum enthält Hinweise auf eine ihm zugrunde liegende Weisheit, und es ist ein reizvoller, wenn auch nicht zwangsläufiger Gedanke, dass es die Weisheit eines Schöpfers ist, die sich in solchen Hinweisen erschließt. Auch wenn der Gottesbegriff nicht einfach ein Synonym für die Ordnung des Universums ist, so kann die Tatsache, dass diese Ordnung existiert, doch als Baustein einer umfassenderen Argumentation für den Glauben an Gott dienen.« [7]

Und derselbe: »Wenn man bedenkt, dass die Naturgesetze haargenau aufeinander abgestimmt sein müssen, um ein Universum zu schaffen, wie wir es sehen können, kommt man um den Gedanken nicht herum, dass die Entstehung des Universums nicht nur so passiert ist, sondern dass ein Zweck dahinter stecken muss.« [8]

So hat schon *René Descartes* (1596-1650, französischer Philosoph, Mathematiker und Naturwissenschaftler) argumentiert. Er sagt, dass die Naturgesetze von Gott eingerichtet wurden, so wie ein König Gesetze in seinem Königreich festlegt.

Oder *Isaac Newton* (1643-1727), Begründer der klassischen theoretischen Physik: »Dieses uns sichtbare, höchst erlesene Gefüge von Sonne, Planeten und Kometen konnte allein durch den Ratschluss und unter der Herrschaft eines intelligenten und mächtigen wahrhaft seienden Wesens entstehen [...]. Er lenkt alles, nicht als Weltseele, sondern als der Herr aller Dinge. Und wegen seiner Herrschaft wird der Herr Gott oft PANTOKRATOR [Allherrscher] genannt.« [9]

Oder *Albert Einstein* (1879-1955), Nobelpreis für Physik 1921: »Sie werden schwerlich einen tiefschürfenden wissenschaftlichen Geist finden, dem nicht eine eigentümliche Religiosität eigen ist

[...]. [Diese] Religiosität liegt im verzückten Staunen über die Harmonie der Naturgesetzlichkeit, in der sich eine so überlegene Vernunft offenbart, dass alles Sinnvolle menschlichen Denkens und Anordnens dagegen ein gänzlich nichtiger Abglanz ist.« Und noch einmal Einstein: »Ich möchte wissen, wie Gott diese Welt erschaffen hat. Ich bin nicht an dem einen oder anderen Phänomen interessiert. Ich möchte Seine Gedanken kennen, alles Übrige sind nur Einzelheiten.«

Oder *Carlo Rubbia*, Nobelpreis für Physik 1984 und ehemaliger Generaldirektor des *Cern* in Genf, des weltweit größten Labors für Teilchenphysik: »Das Zählen von Galaxien oder der Nachweis von Elementarteilchen sind wohl kein Gottesbeweis. Aber als Forscher bin ich von der Ordnung und der Schönheit, die ich im Kosmos und im Innern der Materie finde, zutiefst beeindruckt. Und als Naturbeobachter kann ich die Idee nicht verleugnen, dass es eine präexistente Ordnung gibt. Die Idee, dies alles sei das Resultat eines Zufalls, einer bloßen statistischen Schwankung, ist für mich völlig unakzeptabel. Es muss eine Intelligenz geben, die der Existenz des Universums übergeordnet ist.« [10]

Oder *Allan Sandage*, der große Senior der Astronomen: »Die Welt ist viel zu kompliziert in all ihren Teilen und Wechselbeziehungen, als dass man das allein dem Zufall zuschreiben könnte. Ich bin überzeugt, dass das bestehende Leben mit all seiner Ordnung in all seinen Organismen einfach viel zu gut zusammenpasst.« Und: »Als junger Mann war ich praktizierender Atheist. Die Erforschung des Universums hat mir gezeigt, dass die Existenz von Materie ein Wunder ist, das sich nur übernatürlich erklären lässt.«

Oder *Andreas Tammann*, ehemaliger Professor für Astronomie an der Universität Basel und Forschungspartner von Allan Sandage:

»Letztlich, so glaube ich persönlich, wird man das Universum überhaupt nie verstehen können. Der Urknall selber, mit dem das Universum anfing, wird letztlich immer eine Hypothese bleiben. Wir werden zum Beispiel nie die Frage beurteilen können, ob das Universum endlich oder unendlich ist. Ich glaube, es gibt Fragen, deren Antwort sich uns nie erschließen wird. Deswegen freue ich mich eigentlich mehr darüber, was überhaupt funktioniert, als dass ich darüber enttäuscht wäre, dass noch nicht alles erklärt ist.« [11]

Oder *Charles H. Townes*, Nobelpreis für Physik 1964: »Ich verstehe nicht, wie ein wissenschaftlicher Ansatz allein, getrennt von einem religiösen Ansatz, den Ursprung aller Dinge erklären kann. [...] Meiner Auffassung nach scheint die Ursprungsfrage ewig unbeantwortet zu bleiben, wenn wir sie allein von einem wissenschaftlichen Standpunkt aus betrachten.« Und: »Bei den Erschaffungsgesetzen des Universums ist ein intelligentes Wesen involviert.«

Oder *Eric J. Lerner*, Plasma-Physiker: »Die Zeit ist gekommen, und zwar schon seit Langem, den Urknall als Hauptmodell der Kosmologie aufzugeben. [...] Alle Grundvoraussagen der Urknalltheorie sind durch die Beobachtung mehrfach widerlegt worden.« Und: »Man ›glaubt‹ der Wissenschaft, weil der Experte es so sagt, nicht weil man sich in einer allgemeinen Weise davon überzeugen kann, dass es einen Sinn ergibt und dem entspricht, was man über das Funktionieren des Universums denkt. Es ist eine wirkliche Entwertung der wissenschaftlichen Methode, die besagt: ›Prüfe die Theorie anhand intensiver Beobachtungen.‹ Wenn die Beobachtung der Theorie widerspricht, verwirf die Theorie. Auf dieser Basis hätte die Urknalltheorie schon vor Jahrzehnten verworfen werden müssen.«

Aber auch *Ronald Reagan* (1911-2004), ehemaliger Präsident der USA: »Ich habe seit Langem den ungeheiligten Wunsch, einige Atheisten zum Dinner einzuladen, ihnen die vortrefflichsten Gourmet- Gerichte vorzusetzen und sie nach dem Essen zu fragen: Was meinen Sie – gibt es einen Koch?«

Oder *Werner Heisenberg* (1901-1976), Mitbegründer der theoretischen Quantenphysik, Nobelpreis für Physik 1932: »Der erste Schluck aus dem Becher der Naturwissenschaft macht atheistisch, doch auf dem Grund des Bechers wartet Gott.«

Oder *Sir John Eccles* (1903-1997), Nobelpreis für Physiologie und Medizin 1963: »[...] Welche Beziehung gibt es also zum Urknall? Nun, darin scheint es einen Vorsatz zu geben, eine größere Bedeutung von allem. Das muss ein göttlicher Plan sein – das anthropische Prinzip. Dieser göttliche Plan durchdringt den gesamten gewaltigen Kosmos.«

Oder *Hermann Staudinger* (1881-1965), Nobelpreis für Chemie 1953: »[...] Diese Erkenntnis, dass das Leben auf naturwissenschaftliche Weise nicht erschöpfend zu erklären ist, dass das Leben ein Wunder ist, sollte dazu führen, das Leben mehr zu achten.« [12]

Oder *Stephen Hawking*, Astrophysiker: »Es wäre vollkommen vereinbar mit allem, was wir wissen, dass es ein Wesen gab, das für die Gesetze der Physik verantwortlich war.« [13]

Oder *William Phillips*, Nobelpreis für Physik 1997: »Gott hat uns eine unglaublich faszinierende Welt gegeben, in der wir leben und forschen können.«

Oder *Max Planck* (1858-1947), Nobelpreis für Physik 1918: »Es gibt keine Materie an sich. Alle Materie entsteht und besteht nur durch eine Kraft, welche die Atomteilchen in Schwingung bringt und sie zum winzigsten Sonnensystem des Atoms zusammenhält. Da es aber im ganzen Weltall weder eine intelligente noch eine ewige Kraft gibt, so müssen wir hinter dieser Kraft einen bewussten, intelligenten Geist annehmen. Dieser Geist ist der Urgrund aller Materie. Nicht die sichtbare und vergängliche Materie ist das Reale, Wirkliche, Wahre – denn die Materie bestünde ohne diesen Geist überhaupt nicht –, sondern der unsterbliche, unsichtbare Geist ist das Wahre. Da es aber Geist an sich auch nicht geben kann, sondern jeder Geist einem Wesen zugehört, müssen wir zwingend Geistwesen annehmen. Da aber auch Geistwesen nicht aus sich selbst sein können, sondern geschaffen werden müssen, so scheue ich mich nicht, diesen geheimnisvollen Schöpfer ebenso zu benennen, wie ihn alle Kulturvölker der Erde früherer Jahrtausende genannt haben: GOTT.« [14]

Oder *Christian B. Anfinsen* (1916-1995), Nobelpreis für Chemie 1972: »Wir müssen zugeben, dass eine unvorstellbare Macht oder Kraft existiert mit grenzenlosem Wissen und Vorauswissen, die das gesamte Universum zuerst in Gang gesetzt hat.«

Oder *Arno Penzias*, Nobelpreis für Physik 1978: »Die Astronomie führt uns zu einem einzigartigen Ereignis, einem Universum, das aus dem Nichts erschaffen wurde, eines mit dem sehr feinen Gleichgewicht, welches genau die notwendigen Bedingungen lieferte, um das Leben auf der Erde zu ermöglichen, und (ein Universum), welches einen grundlegenden (man könnte sagen übernatürlichen) Plan aufzuweisen hat. Daher scheinen die Beobachtungen der modernen Wissenschaft zur selben Schlussfolgerung zu führen wie Jahrhunderte alte Intuition.«

Oder *Wernher von Braun* (1912-1977), Pionier der Raumfahrt: »Die im Universum geltenden Naturgesetze sind so präzise, dass wir ohne Schwierigkeit ein Raumschiff bauen können, das auf den Mond fliegt und dessen Flugzeit wir auf den Bruchteil einer Sekunde genau berechnen können. Diese Gesetze müssen von jemandem festgelegt worden sein.«

Es scheint also ein grundlegendes Problem zu geben: Die Physik kann die Physik des Universums nicht allein mit Physik erklären. *David Gross*, Nobelpreisträger für Physik 2004 sagt: »Wir wissen selbst nicht, worüber wir reden. [...] Es ist eine Phase äußerster Verwirrung.« [15] Nur eins ist sicher: Ein Anfang war da. Wobei die Symmetrie, die Ordnung, die Komplexität und die zuverlässigen, bis ins feinste abgestimmten Konstanten des Universums nicht zufällig entstanden sein können. Sondern hier ist Absicht zu vermuten, ein Wille, ein Plan. Was ganz am Anfang das Universum hervorbrachte, wird dann zur einer theologischen Frage und verlangt eine theologische Antwort. Die Physik ist hier sprachlos. *Prof. Dr. Peter C. Hägele*: »Als Naturwissenschaftler sollte man sich Rechenschaft darüber geben, dass man zwar Naturgesetze formulieren kann und ihre Gültigkeit über die Zeit hinweg feststellen, dass man diese zeitliche Konstanz aber nicht weiter begründen oder gar garantieren kann. Wer beginnt, sich darüber zu wundern, wird vielleicht aufgeschlossen werden für solche Aussagen, die den Bestand der Gesetze als Wille Gottes formulieren. Gott will, dass wir Menschen leben können in der Welt, er ist nicht nur Schöpfer, sondern auch Erhalter der Welt.« [16] Gerade dieses Schöpfer- und Erhalterhandeln wird Jesus Christus zugesprochen: »Dieser ist das Ebenbild des unsichtbaren Gottes, der Erstgeborene, der über aller Schöpfung ist. Denn in ihm ist alles erschaffen worden, was im Himmel und was auf Erden ist, das Sichtbare und das Unsichtbare, seien es Throne oder Herrschaften oder Fürstentümer oder Gewalten:

alles ist durch ihn und für ihn geschaffen; und er ist vor allem, und alles hat seinen Bestand in ihm« (Neues Testament/NT, Brief des Apostels Paulus an die Kolosser, Kapitel 1, Verse 15-17). Und wie wurde alles erschaffen? »Durch Glauben verstehen wir, dass die Welten durch Gottes Wort bereitet worden sind, so dass die Dinge, die man sieht, nicht aus Sichtbarem entstanden sind« (NT, Hebräerbrief, Kapitel 11, Vers 3).

Nur einer ist nicht an den 1. Hauptsatz der Thermodynamik gebunden und kann etwas aus Nichts erschaffen: Gott. Wenn die Schöpfung durch Gottes Wort entstanden ist, wie die Bibel sagt, dann muss es deutliche, klar definierbare Hinweise auf Gottes Wirken geben. Anders gesagt: Die Schöpfung muss Sinn machen. Aus der naturwissenschaftlichen Forschung lässt sich ableiten, dass wir es mit einer sinnvollen Schöpfung zu tun haben. Der geordnete Kosmos mit Konstanten, die nicht aus sich heraus entstanden sein können, ist ein Hinweis darauf. Deshalb muss ein Sinn-Geber, ein Planer, ein Urheber, ein Schöpfer angenommen werden. Das würde Sinn machen.

Eigentlich kann es uns gar nicht geben

Auch die Entstehung des Lebens auf der Erde provoziert Fragen. Nach der Evolutionstheorie entstand Leben aus toter Materie: »Die Evolutionstheorie legt uns nahe, dass ›Leben‹ [...] ein materielles Ereignis [ist], das sich von der unbelebten Natur nur durch seine Komplexität unterscheidet. Die Entstehung und die Entwicklung des Lebens ist zurückzuführen auf das Zusammenwirken von Zufall, Mutation und Selektion. Das Leben ist ein sich selbst organisierendes, und selbst vermehrendes biologisches Phänomen, das durch Zufall aus lebloser Materie als einfache Form entstanden ist und sich durch einen sehr langsamen Prozess in höhere Lebensformen entwickelt – von den einfachsten Eiweißmolekülen bis zur äußerst komplizierten biologischen Form des Menschen. Nach diesem Modell besteht das Leben aus komplexer Materie und Energie. Der Evolutionsprozess ist nicht gelenkt, und seine Triebfedern sind Zufall, lange Zeiträume sowie Überlebenskampf. Nach der Evolutionstheorie ist das Leben wesenlos, ohne Schöpfer, ohne Willen, ohne Plan, ohne Ziel und darum ohne Sinn. Die Natur wird von einem Prinzip der ständigen Steigerung von Komplexität und Informationsinhalt gesteuert. Die Evolutionstheorie lehrt, dass die Materie die ewige Grundsubstanz des ganzen Universums ist und dass der Mensch keineswegs etwas Besonderes unter allen anderen Lebewesen darstellt. Er ist eine hochentwickelte biologische Form der selbst organisierten und selbst gesteuerten Materie.« [17]

Die Hypothese, dass Leben durch biochemische Zufallsprozesse aus lebloser Materie entstanden ist (sog. *Abiogenese* – die erstmalige Entstehung von Leben aus toten Stoffen), steht im Widerspruch zu Grundsätzen der Biologie, der Chemie und der

Physik. Auch sehr viel Zufall und sehr lange Zeiträume können unbelebte Materie nicht in lebendige, energie- und informationsreiche Formen umwandeln; materielle Vorgänge können keine biologische Komplexität hervorbringen; das Entstehen der ersten lebenden Zellen ist nicht allein mit Zufall, Notwendigkeit und langen Zeiträumen erklärbar. Vertreter der Evolutionstheorie haben hier große Erklärungsnot. Alle Experimente, komplexes Leben aus toter Materie zu erzeugen, sind gescheitert. Der französische Chemiker *Louis Pasteur* hat schon im Jahr 1864 in einem Sterilisationsexperiment nachgewiesen, dass sich Organismen, also zum Beispiel Zellen, nicht aus toter Materie bilden können. Es gab weitere Versuche anderer Forscher, aber der Beweis, dass zufällige, also ungeplante und ungesteuerte chemische Vorgänge zur Entstehung von Leben geführt haben, fehlt bis heute. Aber angenommen, es würde in einem kontrollierten Laborversuch aus toter Materie Leben entstehen, was würde das beweisen? Man müsste schlussfolgern, dass die Entstehung von Leben aus toter Materie ein gesteuerter Vorgang war, der Planung und Intelligenz erforderte. Doch was für ein intelligenter Planer könnte in Frage kommen, wenn es den Menschen noch gar nicht gab?

Aktuell stellt sich also die Lage so dar: Nicht einmal unter geordneten Bedingungen in einem Labor kann Leben aus toter Materie entstehen. Wie soll es sich dann aus purem Zufall in einer sich selbst überlassenen Umgebung entwickelt haben? Eine Zelle ähnelt einem Computer, sie arbeitet mit Tausenden von Milliarden Informationen – mit höchster Präzision und auf einem Raum von weniger als einem Tausendstel Millimeter. Aber woher kam die erste intelligente, sich selbst replizierende Zelle, wenn vorher weit und breit nichts Intelligentes und Lebendes vorhanden war? Wie kann sich eine solche Zelle spontan und zufällig bilden? Man weiß es nicht. Wie entstand die genetische Information in einer Zelle? Wie konnte sich diese Information verändern?

Der polnische Genetiker *Prof. Maciej Giertych* sagt: »Uns ist bewusst geworden, wie immens umfangreich die in den Genen enthaltene Information ist. Die Wissenschaft weiß nicht, wie sie erklären soll, dass diese Information spontan zustande kommen kann. So etwas setzt Intelligenz voraus; es kann nicht durch Zufallsereignisse zustande kommen. Nur Buchstaben zu mischen erzeugt noch keine Wörter. Das sehr komplizierte DNS-RNS-Protein-Replikationssystem der Zelle zum Beispiel muss von Anfang an voll funktionsfähig gewesen sein. Andernfalls könnten Lebenssysteme nicht existieren. Die einzige logische Erklärung ist, dass die ungeheure Informationsmenge von einer Intelligenz herrührt.« [18]

Information ist eine nicht-materielle Größe. Sie kann deshalb nicht aus Materie (und Energie) entstanden sein, sondern muss erstens aus einer nicht-materiellen und zweitens aus einer intelligenten Quelle stammen. »Gott ist Geist«, sagt die Bibel. Während die Evolutionstheorie außer der Hypothese »Zufall« keine Hinweise geben kann, wie aus toter Materie Information und Leben entstehen konnten, weiß es die Bibel: Der Ursprung ist Gott, der Schöpfer.

Wie entstand Leben? Die Naturwissenschaft weiß es nicht wirklich. Deshalb bleibt viel Raum für Kritik an der Evolutionstheorie. Aktuell ist sie wieder etwas mehr zu hören, wird aber natürlich nicht ernst genommen und von Vertretern der offiziellen Lehre als unwissenschaftliche Spinnerei abgetan. Im Folgenden kommen einige Zweifler an der Evolutionstheorie zu Wort. Sie waren und sind nicht tonangebend, obwohl es sich um honorige Wissenschaftler handelt. Über diese Evolutionszweifler hat der Atheist Richard Dawkins eine eindeutige Meinung: »Man kann ohne irgendeinen Zweifel sagen, dass, wenn Sie jemandem begegnen, der behauptet, nicht an die Evolution zu glauben, diese Person unwissend, dumm oder verrückt ist (oder bösartig, aber ich möchte diese Möglichkeit lieber außer Acht lassen).« [19] Die

Evolutionstheorie darf also nicht infrage gestellt werden. Es gibt zwar Übereinstimmung darüber, dass innerhalb der Arten Veränderungen, Spezialisierungen und Optimierungen stattfinden. Diese *Mikroevolution* kann man beobachten. Infrage gestellt werden aber die wesentlichen evolutionstheoretischen Aussagen: die Entstehung des Lebens aus toter Materie und die Bildung ganz neuer Arten, neuartiger Organe und Strukturen (*Makroevolution*). Dazu haben sich Kritiker immer wieder zu Wort gemeldet. Und es sind keine Amateure, keine Spinner, die im Ohrensessel bei einer Flasche Wein vor sich hin philosophieren.

Harold Urey (1893-1981), Nobelpreis für Chemie 1934: »Wir alle, die den Ursprung des Lebens studieren, finden, dass je tiefer wir hineinblicken, desto mehr fühlen wir, dass es zu komplex ist, um sich irgendwo evolutiv entwickelt zu haben. Wir halten alle als ein Glaubensbekenntnis daran fest, dass sich das Leben auf diesem Planeten aus toter Materie entwickelt habe. Das Problem ist nur, dass seine Komplexität so gewaltig ist, dass es uns schwerfällt, uns vorzustellen, dass das tatsächlich der Fall ist.« [20]

Sir Ernst Boris Chain (1906-1979), Nobelpreis für Physiologie und Medizin 1945: »Ich sage schon seit Jahren, dass Spekulationen über den Ursprung des Lebens zu keinem brauchbaren Resultat führen, da selbst das einfachste lebende System viel zu komplex ist, als dass es in den Begriffen der extrem primitiven Chemie verstanden werden könnte, die Wissenschaftler in ihren Versuchen einsetzen, um das Unerklärliche zu erklären, das vor Milliarden Jahren geschah. Gott kann mit solch naiven Gedanken nicht wegerklärt werden.«

Francis Crick (1916-2004), Nobelpreis für Medizin und Physiologie 1962: »Ausgerüstet mit allen Erkenntnissen, über die wir heute verfügen, kann man, wenn man ehrlich ist, nur feststellen, dass die Entstehung von Leben gegenwärtig fast wie ein Wunder erscheint angesichts der zahlreichen Bedingungen, die erfüllt gewesen sein müssen, damit es in Gang kam.« [21]

Sir J. C. Eccles (1903-1997), Gehirnforscher, Nobelpreis für Physiologie 1963: »Ich glaube, es liegt ein Mysterium im Menschen, und ich bin sicher, dass es wenigstens wunderbar für den Menschen ist, das Gefühl zu gewinnen, dass er nicht ein hastig gemachter Überaffe ist und dass etwas viel Wunderbareres in seiner Natur und seiner Bestimmung liegt.«

Dr. George Wald (1906-1997), Nobelpreis für Medizin 1967: »Man braucht nur über die Größenordnung dieser Aufgabe nachzudenken, um einzusehen, dass die Urzeugung lebender Organismen unmöglich ist.«

Werner Arber, Nobelpreis für Physiologie und Medizin 1978: »[...] Ich denke, dass das Leben erst auf der Ebene einer funktionierenden Zelle beginnt. Wahrscheinlich benötigen die einfachsten Zellen zumindest mehrere Hundert verschiedene spezifische biologische Makromoleküle. Wie solche bereits recht komplexen Strukturen zusammenkommen können, bleibt für mich ein Geheimnis. Die Möglichkeit der Existenz eines Schöpfers, Gottes, ist für mich eine befriedigende Lösung des Problems.«

Dr. Edwin Conklin (1863-1952), Biologe: »Die Wahrscheinlichkeit, dass das Leben durch Zufall entstanden ist, ist vergleichbar mit der Wahrscheinlichkeit, dass ein vollständiges Wörterbuch das Ergebnis einer Explosion in einer Druckerei ist.«

Dr. D. M. S. Watson (1886-1973), Zoologe: »Die Evolution selbst wird akzeptiert, nicht weil man etwas Derartiges beobachtet hätte oder weil man sie durch eine logisch zusammenhängende Beweiskette als richtig beweisen konnte, sondern weil die einzige Alternative dazu, der Schöpfungsakt Gottes, einfach undenkbar ist.« [22]

Sir Fred Hoyle (1915-2001), Astronom und Mathematiker: »Die orthodoxe Biologie in ihrer Gesamtstruktur [hält] daran fest, dass Leben zufällig entstand. Seit jedoch die Biochemiker in steigendem Maße die ehrfurchtgebietende Komplexität des Lebens entdecken, ist sein zufälliger Ursprung ganz offensichtlich so wenig wahrscheinlich, dass man diese Möglichkeit völlig ausschließen kann. Leben kann nicht zufällig entstanden sein.« Und: »Die Wahrscheinlichkeit, dass sich aus unbelebter Materie Leben entwickelt hat, beträgt eins zu einer Zahl mit 40.000 Nullen. Diese ist groß genug, um Darwin und die ganze Evolutionstheorie unter sich zu begraben.« [23]

Philip Ball, englischer Chemiker und Physiker: »Es ist entweder ein Zeichen für den grenzenlosen Optimismus der Wissenschaft oder aber einen völligen Mangel an Bescheidenheit, dass Forscher hoffen, das Puzzle der Entstehung des Lebens zu lösen.«

Andreas Tammann, ehemaliger Professor und Leiter des astronomischen Instituts an der Universität Basel: »Wer klar bei Verstand ist, kann die Möglichkeit eines Schöpfers nicht ernsthaft ausschließen.«

Dr. Walter Bradley, ehemaliger Professor an der *Texas A&M University*: »Ich denke, Menschen, die der Meinung sind, dass das Leben aus sich selbst heraus entstanden sei, müssen über sehr viel mehr Glauben verfügen als die, die über den Verstand zu der Schlussfolgerung gelangen, dass es einen intelligenten Schöpfer geben muss.«

Ernest Kahane (1903-1996), Biochemiker: »Es ist absurd und absolut unsinnig zu glauben, dass eine lebendige Zelle von selbst entsteht; aber dennoch glaube ich es, denn ich kann es mir nicht anders vorstellen.« [24]

Jeffrey Bada, Professor an der *Scripps Institution of Oceanography* in San Diego: »Heute, da wir das 20. Jahrhundert verlassen, stehen wir immer noch vor dem größten ungelösten Rätsel, demselben, das wir hatten, als wir ins 20. Jahrhundert eingetreten sind: Wie entstand das Leben auf der Erde?« [25]

Dean H. Kenyon, emeritierter Professor der Biologie/San Francisco State University: »[...] es ist von Grund auf unplausibel, dass sich selbst überlassene Materie und Energie sich zu lebenden Systemen anordneten.«

Dr. Robert Jastrow, Astronom: »Zu ihrem Bedauern kennen [Wissenschaftler] keine eindeutige Antwort, da es Chemikern bisher nie gelungen ist, die der Natur zugeschriebenen Experimente, aus nicht belebter Materie Leben zu erschaffen, nachzuvollziehen. Die Wissenschaftler wissen nicht, wie es vor sich ging.« [26]

Dr. Loren Eiseley (1907-1977), Anthropologe und Evolutionist: »Den Theologen war immer vorgeworfen worden, sie beriefen sich allzu sehr auf Mythos und Wunder, und nun blieb der Wissenschaft selbst nichts anderes übrig, als eine Mythologie zu begründen: die Unterstellung nämlich, dass ein Vorgang, den man allen Anstrengungen zum Trotz nicht hatte beweisen können, in der Vergangenheit stattgefunden haben sollte.« [27]

Prof. Michael Denton, Arzt und Molekularbiologe: »Selbst die allereinfachste Art von Zelle, die wir kennen, ist so komplex, dass wir unmöglich annehmen können, ein solches Gebilde sei einfach so urplötzlich durch irgendein unberechenbares und höchst unwahrscheinliches Zufallsereignis entstanden. Dies wäre gleichbedeutend mit einem Wunder.« [28]

Joseph Henry Woodger, Biologe: »Es ist schierer Dogmatismus, wenn hier vorgegeben wird, die Dinge hätten sich so zugetragen, wie wir wünschen, dass es gewesen sei.«

H. S. Lipson, Physiker: »[...] die Evolution [ist] in einem gewissen Sinne eine wissenschaftliche Religion geworden; fast alle Wissenschaftler haben sie angenommen, und viele sind bereit, ihre Beobachtungen ›zurechtzubiegen‹, um sie damit in Übereinstimmung zu bringen.«

Pierre-Paul Grassé (1895-1985), der vielleicht berühmteste Zoologe Frankreichs und viele Jahre Präsident der *Akademie der Wissenschaften*: »Es ist heute unsere Pflicht, den Mythos der Evolution zu zerstören, die als ein einfaches, verständliches und erklärbares Ereignis betrachtet wird, das sich deutlich vor uns entfaltet. Biologen müssen ermutigt werden, über die Schwächen und Mutmaßungen, die Theoretiker aufstellen oder als etablierte Wahrheiten erklären, nachzudenken. Der Betrug ist manchmal unbewusst, aber nicht immer, weil einige Leute wegen ihres Dogmatismus absichtlich die Realitäten übergehen und sich weigern, die Ungereimtheiten und Irrtümer ihres Glaubens zuzugeben.« Weiter sagt er: »Jedes Lebewesen enthält eine unwahrscheinliche Menge an ›Intelligenz‹. Heute wird diese Intelligenz ›Information‹ genannt (Erbinformation, genetischer Code, Anm.), aber deswegen ist es noch immer dasselbe ... Diese ›Intelligenz‹ ist die Grundvoraussetzung allen Lebens. Falls sie nicht vorhanden ist, ist kein Lebewesen denkbar. Woher kommt sie? Das ist ein Problem, welches sowohl die Biologen als auch die

Philosophen angeht, und gegenwärtig sieht es so aus, als sei die Wissenschaft nicht imstande, es zu lösen.« [29]

Dr. Klaus Dose, emeritierter Professor am Institut für Biochemie der *Johannes Gutenberg-Universität Mainz*: »Über 30 Jahre experimenteller Forschung bezüglich des Ursprungs des Lebens auf den Gebieten der chemischen und molekularen Evolution haben zwar zu einer besseren Erkenntnis der Immensität des Problems geführt, das der Ursprung des Lebens auf der Erde präsentiert, nicht jedoch zu seiner Lösung. Gegenwärtig enden alle Diskussionen der hauptsächlichen Theorien und Experimente auf diesem Gebiet entweder in einer Sackgasse oder in einem Eingeständnis von Unwissenheit.« [30]

Wo Wissenschaftler auch forschen, immer stellen sie eine beständige, nützliche, intelligente, harmonische, ästhetische Ordnung fest: in der Astrophysik, Physik, Biologie, Anatomie, Chemie, Botanik, Zoologie usw. Woher kommt diese Ordnung? Im Grunde gibt es drei Erklärungsmodelle: Die offizielle Meinung der Wissenschaft ist, dass alles durch Urknall, Evolution, Mutation, Selektion, jede Menge Zufall und sehr viel Zeit entstanden sei. Aus einem Nichts hätte sich zufällig Materie gebildet und aus toter Materie zufällig während Millionen von Jahren intelligentes Leben. Heißt: Ein zufällig entstandenes Universum enthält zufällig die Voraussetzungen für die Entstehung von Leben, das sich dann auch zufällig entwickelt hat, und zwar durch zufällige Mutation und Selektion, wodurch sich dann zufällig die aktuellen und hochkomplexen Lebewesen gebildet haben. Es scheint, dass der »Zufall« eine entscheidende Rolle spielt. Und man könnte vermuten, dass dieser Begriff nur eins ausdrückt: »Wir wissen es nicht.«

Zu dieser Erkenntnis steht eine zweite Gruppe von Wissenschaftlern. Sie stellen fest, dass es nach dem aktuellen Stand der Forschung absolut unerklärlich ist, dass es überhaupt Materie gibt. Wie Sterne, Planeten, die Erde und der Mensch durch den sogenannten Urknall bzw. durch die Evolution entstehen konnten, ist völlig rätselhaft. Diese Meinung wird zum Beispiel vom Münchner Physikprofessor *Siegfried Bethke* vom *Max-Planck-Institut für Physik* in München und Mitarbeiter beim europäischen Teilchenforschungszentrum Cern in Genf vertreten: »Die Frage ist also letztlich: Warum sind wir überhaupt da? Das ist völlig mysteriös, [...]. Eigentlich dürfte es uns gar nicht geben.« [31]

Für eine dritte Gruppe ist alles klar: Das, was ist, ist nicht aus sich selbst entstanden. Eine Uhr baut sich nicht selbst aus ihren Einzelteilen zusammen. Auf einem chaotischen Schreibtisch entsteht Ordnung nicht von allein. Sondern die Ursache für das Universum liegt außerhalb der Bereiche, in denen sie sichtbar wird. Es braucht eine ordnende Hand und Intelligenz von außen: Die Schöpfung wurde ins Dasein gebracht, und zwar durch den Willen und den Befehl Gottes. »Und Gott sprach ...«, heißt es bei der Erschaffung von Himmel und Erde und des Menschen, »... und es geschah so.« Die einzige Alternative zu der sehr zerrissenen Beweiskette in der Urknall- und Evolutionstheorie wäre also der Gott, der laut Bibel Himmel und Erde erschaffen hat und täglich in und an ihr wirkt: Gott als Schöpfer, Erhalter, Regierer, Richter und Erlöser der Welt. Doch diesen Gott der Bibel in Betracht zu ziehen, ist für das Establishment der Naturwissenschaftler nicht akzeptabel.

Ein Schöpfer würde bestens passen

Die Urknalltheorie bietet nicht die endgültige, unschlagbare Begründung für die Entstehung des Universums. Im Jahr 2004 gingen 34 hochrangige Experten mit ihren starken Zweifeln an die Öffentlichkeit. In einem Brief im Wissenschaftsmagazin *New Science* schrieben sie: «Die Urknalltheorie basiert auf einer großen Anzahl hypothetischer Wesenheiten, auf Dingen, die wir niemals beobachtet haben – Aufblähung, geheimnisvolle Materie und dunkle Energie sind die auffallendsten Beispiele. Ohne diese gäbe es einen fatalen Widerspruch zwischen den Beobachtungen durch die Astronomen und den Vorhersagen der Urknalltheorie. In keinem anderen Bereich der Physik würde diese stetige Zuflucht in neue hypothetische Objekte als ein Weg akzeptiert werden, um die Lücken zwischen Theorie und Beobachtung zu schließen. Irgendwann müssten ernsthafte Fragen über die Richtigkeit der zugrunde liegenden Urknalltheorie aufgeworfen werden. [...] Heute werden eigentlich alle finanziellen und Versuchsmittel an die Urknallstudien hingegeben. Die Geldmittel stammen aus nur wenigen Quellen, und die Untersuchungsausschüsse, die sie kontrollieren, werden von Anhängern der Urknalltheorie beherrscht. Dies hat zur Folge, dass sich die Herrschaft der Urknalltheorie auf diesem Gebiet ohne Rücksicht auf die wissenschaftliche Gültigkeit der Theorie selbst aufrecht erhält.« [32] Über 500 Forscher weltweit unterstützen diesen Protest mit ihrem Namen. Zu ihnen gehört auch *Eric J. Lerner*, Plasma-Kosmologe und Präsident der *Lawrenceville Plasma Physics Inc.* in New Jersey: »Die gesamte Mittelvergabe für Kosmologie wird von einer Handvoll Ausschüssen gesteuert. Das sind Urknalltheoretiker, die ihre ganze wissenschaftliche Laufbahn dem Urknall gewidmet haben. Ich habe zwar von Leuten gehört, es könnte nichts

Spannenderes geben, als den Urknall loszuwerden und ein neues Paradigma zu haben, aber das ist wahrscheinlich nicht wahr. Für Beobachter könnte dieser Wechsel sehr spannend sein, aber für einen Theoretiker bedeutet es, seine gesamte Karriere vertan zu haben. Da Wissenschaftler Menschen sind, kann das nicht als wünschenswert empfunden werden. Es gibt eine enorme Menge von Forschern, wahrscheinlich rund 3.000, die ein sehr starkes persönliches Interesse am Fortbestehen des Urknall-Modells haben. Und das setzen sie durch, indem sie nicht nur jeder Art von Alternative die Mittel vorenthalten, sondern auch jeglicher Forschung, die den Urknall infrage stellt und mögliche Widersprüche in den Beobachtungen untersucht.« [33]

Außer den Urknall-Skeptikern gibt es unter Naturwissenschaftlern auch viele, die an der Evolutionstheorie und an Darwins Theorie der Mutation und Selektion zweifeln. All diese Kritiker arbeiten an hoch angesehenen Universitäten bzw. haben dort geforscht: *Harvard University, Massachusetts Institute of Technology* (MIT), *Princeton University, University of California, Texas A&M University, Stanford University, Yale University, Cambridge University, University of Oxford* und weitere, vergleichbare Forschungsinstitute in aller Welt.

Aber Kritik ist nicht willkommen. Im Wissenschaftsbetrieb ist es wie in der Politik oder in großen Unternehmen: Abweichler stehen zumindest unter Beobachtung. In Deutschland haben sie es noch schwerer. Wer hier gegen die offizielle Linie seine eigene Meinung vertritt, wird abgestraft. Wissenschaftlern, die an der Evolutionstheorie zweifeln, wird die Kompetenz abgesprochen, sie haben Probleme, Fachartikel zu veröffentlichen, finden nur schwer Verlage für ihre Bücher, werden nicht mehr zu Seminaren eingeladen, bekommen keine Stimme in den öffentlichen Medien und riskieren, dass ihnen Forschungsgelder gestrichen werden. Dabei gilt es in der seriösen Wissenschaft als selbstverständlich, dass Theorien nie gesicherte Abbilder der Wirklichkeit sind.

Sondern alles Wissen ist immer nur Vermutungs-Wissen und eine Erklärungsmöglichkeit für beobachtete Daten. Deshalb gehört es sich für Wissenschaftler, dass sie ihre Theorien Kritik, Zweifel und Widerlegungen aussetzen, um sie auf Schwachstellen abzuklopfen – also sicherer zu machen. Wird aber wissenschaftliche Kritik nicht erlaubt, dann hört Wissenschaft auf, Wissenschaft zu sein.

Auch wenn es eine ganz beachtliche Anzahl von Naturwissenschaftlern gibt, die an der offiziellen Lehre zweifeln, muss man noch lange nicht an den Gott der Bibel glauben. Nur weil Physiker, Biologen, Anthropologen und Informationstheoretiker über das Wunder des Weltalls, das Wunder der Natur, das Wunder des Menschen oder das Wunder der DNS staunen, ist das kein Grund, ein gläubiger Mensch zu werden. Nur weil immer deutlicher wird, dass der Ursprung von allem, was ist, nicht schlüssig mit Physik und Biologie zu erklären ist, muss man noch lange nicht den Gott der Bibel als Schöpfer akzeptieren.

Andererseits: Es ist nicht verrückter, an Gott als den Schöpfer von Himmel und Erde zu glauben als daran, dass etwas aus nichts entstanden ist. Es ist nicht abwegiger zu glauben, dass Gott den Menschen erschaffen hat als daran, dass der Ursprung des Lebens tote Materie und der Mensch der aktuell höchstentwickelte Affe ist. Oder wie der Evolutionsbiologe und Genetiker *Richard Lewontin* sagt: Vögel sind aus Nicht-Vögeln entstanden und Menschen aus Nicht-Menschen. Hört sich das besser, intelligenter, sinnvoller, logischer an als ein allmächtiger Gott, der Himmel und Erde erschaffen hat?

Das mit dem Affen und dem Menschen wird natürlich auch in der Schule gelehrt. Eine sehr eigenständige Evolutionstheorie aus Kindermund liest sich in einem Aufsatz dann so: »Nachdem die Menschen aufgehört hatten, Affen zu sein, wurden sie Ägypter.« Das ist wenigstens eine Überlegung mit Unterhaltungswert.

Die grundsätzlichen Fragen, die an die Evolutionstheorie

gestellt werden, werden genauso klar wie unbefriedigend beantwortet. Frage: Was ist der Sinn der Evolution? Antwort: Es gibt keinen, die Evolution hat keinen Sinn und Zweck in sich – sie ist »blind«. Frage: Wie hat die Evolution von toter Materie zum Menschen geführt, einem Wesen mit Geist? Antwort: Durch Zufall und lange Zeiträume. Frage: Was ist in der Naturwissenschaft mit dem Begriff »Zufall« gemeint? Antwort: Es ist ein Versuch, etwas zu erklären, was Naturwissenschaftler ohne den Zufall nicht erklären können. Sogar Charles Darwin hat das so gesehen. Er sagte, dass die Verwendung des Begriffs »Zufall« nur für die »[...] Unkenntnis der Ursachen besonderer Veränderungen« stehe. [34]

Ohne Hilfsmittel wie Zufall und lange Zeiträume ist die Sachlage klar: Wenn Menschen erkennen, wie komplex die Erscheinungen des Weltalls und der Natur sind, wie unerklärlich perfekt und intelligent, aber auch wie schön, elegant, harmonisch und auf verschwenderische Art kreativ und vielfältig, und dass das Universum und die Erde für die Bedürfnisse des Menschen maßgeschneidert sind – dann können sie darin einen unübersehbaren Hinweis auf den Schöpfer erkennen. »Wer einen Automotor untersucht, findet Henry Ford nicht. Will man der Frage nachgehen, wie der Automotor entstanden ist, kommt man an Henry Ford nicht vorbei« (John Lennox, Professor für Mathematik an der Universität Oxford). [35]

Der Apostel Paulus hat vor knapp 2.000 Jahren im 1. Kapitel seines Briefs an die Römer geschrieben: »Dabei ist doch das, was man von Gott erkennen kann, für sie deutlich sichtbar; er selbst hat es ihnen vor Augen gestellt. Seit der Erschaffung der Welt sind seine Werke ein sichtbarer Hinweis auf ihn, den unsichtbaren Gott, auf seine ewige Macht und sein göttliches Wesen. Die Menschen haben also keine Entschuldigung, denn trotz allem, was sie über Gott wussten, erwiesen sie ihm nicht die Ehre, die ihm zukommt, und blieben ihm den Dank schuldig. Sie verloren sich in sinnlosen Gedankengängen, und in ihren Herzen, denen jede Einsicht fehlte, wurde es finster. Weil sie sich für klug hielten, sind sie zu Narren geworden« (NT, Brief des Paulus an die Römer, Kapitel 1, Verse 19f/NGÜ).

Paulus weist also darauf hin, dass durch das Beobachten der Schöpfung unter Einsatz des Verstandes ein Schöpfer erkannt werden kann. Und dass man grundsätzliche Informationen über sein Wesen bekommt: ewige Macht und göttliche Größe. *Professor Arthur Ernest Wilder-Smith* (1915-1995) sagt dazu: »Demnach lehrt also die Bibel, dass ein Mensch, der das Weltall betrachtet und nicht gleichzeitig die ewige Macht der herrlichen Gottheit sieht, der, wenn er das Sichtbare sieht, keine Rückschlüsse auf das Unsichtbare zieht, ohne Entschuldigung ist. Ja, die Bibel geht in dieser Richtung noch einen Schritt weiter, indem sie in demselben Kapitel (Römerbrief, Kapitel 1) lehrt, dass ein Mensch, der Gott durch seine so herrlich geschaffene Welt sieht und ihm nicht dafür dankt und ihn preist, überwältigt von den Wundern, die des Schöpfers Weisheit offenbaren, dass ein solcher Mensch seine Gedanken dem Nichtigen zuwendet und dass sein unverständiges Herz verfinstert wird. Das heißt, wenn ein Mensch das Weltall betrachtet und nicht von selbst vor Dank zu Gott überfließt und ein Gottesverehrer wird, dann wird dieser Mensch im Laufe der Zeit unfähig, seine höheren Fähigkeiten, wie etwa sein Denken, auf rechte Weise zu gebrauchen. Außerdem wird sein ›Herz‹ verfinstert, d.h. seine Sittlichkeit wird abgestumpft. Kein Gottesverehrer zu werden, wird als ein Missbrauch der Denkorgane betrachtet, und Missbrauch führt ganz allgemein zur Entartung des betreffenden Organs. Zusammenfassend können wir sagen, dass die Heilige Schrift nicht viel Sympathie für den Menschen zeigt, der solche intellektuellen Schwierigkeiten, an Gott zu glauben, hat, wie sie oben erörtert wurden. Nach ihrem Maßstab sollte ein Blick *auf das Universum* für jeden Menschen von durchschnittlicher Intelligenz genügen, um von der Existenz Gottes überzeugt zu werden, und sollte ferner dazu ausreichen, aus ihm einen eifrigen Gottesverehrer zu machen.« [36]

Die Griechen nannten die Welt *Kosmos*. Das heißt: Schönheit und Ordnung. Es sind also keine großartigen philosophischen Überlegungen nötig, kein Theologiestudium und auch kein Doktorgrad in Physik, es ist viel einfacher und liegt vor der Haustüre: Intelligenz, Kreativität, Schönheit, Ordnung, Zweckmäßigkeit und Zuverlässigkeit der Schöpfung weisen auf den intelligenten, kreativen, gerechten, zuverlässigen Schöpfer, den Erschaffer hin. Der erste Satz der Bibel stellt ganz unaufgeregt und schnörkellos fest: »Im Anfang schuf Gott Himmel und Erde.« Der Vorgang der Schöpfung, wie er im 1. Buch Mose, Kapitel 1 steht, wird als tatsächliches Ereignis geschildert. Hier hat man es nicht mit Mythologie zu tun oder mit einem Schöpfungsgedicht, sondern mit einem Bericht in klarer, faktischer Sprache über den wirklichen Anfang der Schöpfung.

Und wo ein gewollter Anfang, ein Ursprung ist, da besteht auch eine Absicht und ein Ziel. Deshalb umfasst der christliche Glaube auch die Erwartung, dass Gott die Welt jetzt und heute lenkt und zu seinem Ziel bringen wird.

Eines ist jedoch unübersehbar: Es klafft eine riesige Kluft zwischen den Daten der Wissenschaft und jenen der Bibel. Die Astrophysik geht von einem Universum aus, das ca. 14 Milliarden Jahre alt ist. Die Biologie und Genetik schätzen, dass das erste Auftreten des biologisch modernen Menschen auf den Zeitraum vor 100.000 bis 160.000 Jahren fällt – mit einer Million Jahre dauernden Vorgeschichte der Weiterentwicklung aus der Familie der Menschenaffen. Wer aber die Angaben der Bibel zugrunde legt, kommt auf ganz andere Zahlen: Das Universum und der Mensch wurden vor ca. 6.000 bis 10.000 Jahren erschaffen. Innerhalb von sechs Tagen. Aus den biblischen Texten lassen sich keine Hinweise herauslesen, dass diese sechs

Tage nicht tatsächlich als 24-Stunden-Tage zu verstehen sind. Somit steht ein Christ, der die Ergebnisse der aktuellen wissenschaftlichen Forschung nicht übernimmt, einigermaßen dumm da. Er hat aber auch ein Problem mit dem Versuch, Urknall- und Evolutionstheorie mit dem Bericht der Bibel in Übereinstimmung zu bringen. Das geht nur, wenn man Aussagen der Bibel abschwächt, verbiegt oder sogar teilweise umdeutet. Genau das passiert aber beim Konzept der theistischen – von Gott bewirkten – Evolution: »[...] alle Konzepte einer theistischen Evolution beruhen darauf, dass eine allgemeine Evolution der Lebewesen einschließlich des Menschen zugrunde gelegt wird. An der ›Realität‹ einer Makroevolution und eines Übergangs vom Tier zum Menschen wird also kein Abstrich gemacht. Im Gegensatz zu einer atheistischen Evolution (Evolution ohne Gottes Wirken) soll dieser Vorgang jedoch nur deshalb funktionieren, weil Gott ihn durch sein schöpferisches Wirken ermöglicht oder irgendwie steuert.« [37]

Die großen Kirchen haben einen Hang zur Evolutionstheorie entwickelt und halten sie für einen wissenschaftlichen Erklärungsversuch zur Entstehung des Lebens, der Arten und der Artenvielfalt. Leben entstand nach ihrer Theorie aus Materie und ist in Jahrmillionen durch Zufall, aber unter göttlichem Einfluss entstanden. So bleibt die Theologie mit dem naturwissenschaftlichen Zeitgeist kompatibel und hat doch noch irgendwie einen Schöpfer-Gott vorzuweisen. Aber dieser Gott hat mit dem Gott der Bibel nichts mehr zu tun.

Also: Es bleibt ein nicht harmonisierbarer Unterschied zwischen naturwissenschaftlicher Sicht und biblisch-wörtlicher Erkenntnis. Auch bibelorientierte Wissenschaftler können und wollen Millionen oder Milliarden Jahre Unterschied weder unter den Teppich kehren noch klein reden: »Zweifellos ergeben sich aus der biblischen Sicht von der kurzen Geschichte des Menschen und der Erde viele Fragen naturwissenschaftlicher Art angesichts der üblichen, gewohnten Vorstellungen von einer Erdgeschichte, die einige Milliarden Jahre währen soll bzw. einer Menschheitsgeschichte von einigen Millionen Jahren. Diese Fragen sind nicht leicht zu beantworten und oft bislang ganz ohne Antwort [...] Diese z.T. schwerwiegenden Probleme lassen viele die Frage stellen, ob man unter Berufung auf das christliche Zeugnis die scheinbar festgefügte evolutionstheoretische Sicht und ihr Langzeitkonzept wirklich ablehnen müsse. Doch für eine bibeltreue Orientierung gibt es keine andere Wahl, denn es geht hier nicht um Randfragen. Es geht um Jesus Christus, um den Hintergrund seines Kommens auf unsere Erde und um die Bedeutung seines Leidens, Sterbens und seiner Auferstehung. Die Spannungen, die sich aus den derzeitigen Widersprüchen ergeben, sind eine Herausforderung, die anstehenden Fragen anzupacken. [...] Der christliche Glaube fußt auf dem Wort Gottes, nicht darauf, dass alle wissenschaftlichen Fragen gelöst sind. Ein solcher Glaube kann offene Fragen mit einiger Gelassenheit stehen lassen, ohne sie zu ignorieren, aber auch ohne den Zwang, vorschnelle Antworten finden zu müssen. Solche Antworten haben sich oft genug als nicht tragfähig erwiesen.« [38]

So geht es in der Bibel nicht hauptsächlich um das Wissen, sondern um den Glauben. Das gilt auch für den Anfang von allem: »Durch Glauben verstehen wir, dass die Welten durch Gottes Wort bereitet worden sind, so dass die Dinge, die man sieht, nicht aus Sichtbarem entstanden sind« (Hebräerbrief, Kapitel 11, Vers 3). Und der Glaube bleibt das Zentrum: »Es ist aber der Glaube eine feste Zuversicht auf das, was man hofft, eine Überzeugung von Tatsachen, die man nicht sieht« (Hebräerbrief, Kapitel 11, Vers 1). Die großen Helden und Heldinnen im Alten Testament wurden nicht besonders erwähnt, weil sie wissenschaftliche Beweise für die Existenz Gottes gebracht hätten. Sondern Abraham, Mose, David oder Samuel und die vielen anderen wurden als »Glaubenshelden« bezeichnet, weil sie überzeugt waren von Tatsachen, die sie nicht sahen. Sie glaubten einfach, sie entschieden sich, zu vertrauen. Deshalb sind sie Vorbilder.

Das Gewissen zeigt auf Gott

Für die Wissenschaft ist Gott sowieso keine Größe mehr, mit der man rechnen muss. Man fragt sich höchstens, wie der Mensch dazu kommt, sich überhaupt einen Gott vorzustellen. Gehirnforscher zum Beispiel halten den Gedanken Gott für eine Eigentümlichkeit des menschlichen Gehirns. Der Grund: Der Mensch kann sich nicht alles erklären, kann nicht alles begreifen, was auf ihn zukommt und was in ihm selbst geschieht. Er weiß, dass er sein Leben letztendlich nicht in der Hand hat und es nicht nach den eigenen Bedürfnissen und Wünschen steuern und kontrollieren kann. Jeder Mensch wurde geboren, ohne dass er es wollte, und wird auch normalerweise so sterben. Das Leben ist unsicher und deshalb im Grunde genommen bedrohlich. Und der Mensch machtlos. Er möchte die Kontrolle haben, aber aus eigener Kraft kann er nur wenig beeinflussen. So entsteht ein Spannungszustand, der aufgelöst werden muss. Gehirnforscher behaupten nun, dass der Mensch deshalb im Lauf der Evolution Hilfsmittel konstruiert habe, die ihn von dieser Spannung befreien. Eins davon wäre das Überirdische, Übersinnliche. Höhere Mächte wie Gott oder Götter also, denen für jene Bereiche Macht zugesprochen werde, in denen der Mensch machtlos sei.

Neurologen führen weiterhin alle Gefühle und Gedanken des Menschen auf biologische Regelkreise zurück. Der Mensch sei demnach eine Maschine mit eingespeicherten, elektrochemischen Reaktionsmustern im zentralen Nervensystem. Und die Vorstellung von »Gott« sei nur eine Reaktion überforderter Nervenzellen.

Auch Psychologen, vor allem solche, die sich an Siegmund Freud orientieren, sehen es ähnlich: Für sie ist der Mensch eine von Trieben dominierte Maschine. Nun stellen wir uns einmal vor, ein Haus würde brennen. Was würden diese Psychologen als triebdominierte Maschinen zuerst retten? Die PCs, Fernseher und Kaffeemaschinen? Oder würden sie versuchen, zuerst die Menschen zu retten? Und die Fragen gehen weiter: Kann eine lebende, triebgesteuerte, elektrochemische Maschine ein Gewissen haben? Oder Moralvorstellungen? Kann sie wissen, was gut und was böse ist? Bräuchte sie das überhaupt, um zu überleben?

Moral ist der Begriff für Sitten und Gewohnheiten; sie legt verbindlich fest, was eine Gesellschaft als gut und böse empfindet. Daraus leiten sich Gebote ab: Man soll das tun und das nicht tun. Es sind Regeln für alle, und man erwartet, dass sich auch alle daran halten. Das Gewissen des Menschen dient dabei als Instanz, die registriert, ob er moralisch korrekt handelt oder nicht. Wissenschaftler, die von der Evolutionstheorie überzeugt sind, schreiben dem Menschen ein gewisses Maß an Moral zu: »Nach Darwin gibt es auch hinsichtlich der moralischen und kulturellen Entwicklungen nur einen graduellen, keinen prinzipiellen Unterschied zwischen Mensch und komplexeren Säugetieren. [...] Wegen der Moralität aller komplexeren Lebewesen gibt es die Grenze zwischen Tier und Mensch nicht bzw. ist sie fließend. [...] Trotzdem Verstand, Moral und Kultur des Menschen voll evolutionsgeschichtlich geformt sind, ist die Teleonomie (Zielrichtung, Anm.) der Evolution nicht Moral, sondern Erfolg (im Sinne von besserer Überlebensfähigkeit).« [39]

Immerhin bestätigen diese Wissenschaftler dem Menschen, dass er etwas Moral besitzt. Wenn auch nur ein bisschen ausgeprägter als Tiere. Beim Menschen schwinge die Moral nur leicht mit, den Ton gebe aber etwas anderes an: Immer sei die Kultur des Menschen geprägt durch die biologischen Erfordernisse, also durch das Überleben. Oder nach Bertolt Brecht: Erst kommt das Fressen, dann die Moral.

Woher das moralische Empfinden und das Gewissen des Menschen kommen, darüber hat die Forschung keine einhellige

Meinung. In Untersuchungen wurde aber festgestellt, dass sogar Babys soziales Verhalten bewerten können. Schon im Alter zwischen sechs und zehn Monaten besitzen sie einen Maßstab dafür, wer gut handelt und wer nicht. Bevor sie sprechen können, sind sie in der Lage, das, was man als gut und böse bezeichnen könnte, zu unterscheiden. Und sie haben eine eindeutige Vorliebe für gut. Die Feststellung der Forscher, dass ein Empfinden für Gut und Böse nicht angelernt, sondern in den Genen schon vorhanden ist, gilt als wissenschaftlich bestätigt: Es gibt kein Volk auf der Erde, keine Kultur, keine Gemeinschaft ohne Gesetze. Alle unterscheiden zwischen Gut und Böse. In unterschiedlichen Ausprägungen und Wertungen. Aber ein moralisches Gesetz und das Gewissen als Ankläger oder Verteidiger des eigenen Tuns sind bei allen Menschen vorhanden.

Doch wenn Moral und Gewissen in den Genen angelegt sind, dann muss es dafür einen Anfang gegeben haben. Woher hatte der allererste Mensch seine Moralvorstellungen? Dicser Impuls kann nur von außerhalb des Menschen gekommen sein. Aus biblischer Sicht hat das Gewissen seinen Ursprung im Paradies: »Und Gott der Herr pflanzte einen Garten in Eden, im Osten, und setzte den Menschen dorthin, den er gemacht hatte. Und Gott der Herr ließ allerlei Bäume aus der Erde hervorsprießen, lieblich anzusehen und gut zur Nahrung, und auch den Baum des Lebens mitten im Garten und den Baum der Erkenntnis des Guten und Bösen« (AT, 1. Buch Mose, Kapitel 2, Verse 8-9).

»Und Gott der Herr nahm den Menschen und setzte ihn in den Garten Eden, damit er ihn bebaue und bewahre. Und Gott der Herr gebot dem Menschen und sprach: Von jedem Baum des Gartens darfst du nach Belieben essen; aber von dem Baum der Erkenntnis des Guten und des Bösen sollst du nicht essen; denn an dem Tag, da du davon isst, musst du gewißlich sterben!« (1. Buch Mose, Kapitel 2, Verse 15-17).

»Und die Frau sah, dass von dem Baum gut zu essen wäre,

und dass er eine Lust für die Augen und ein begehrenswerter Baum wäre, weil er weise macht; und sie nahm von seiner Frucht und aß, und sie gab davon auch ihrem Mann, der bei ihr war, und er aß« (1.Buch Mose, Kapitel 3, Vers 6). Nach diesem, als »Sündenfall« bekannten Vergehen von Adam und Eva heißt es: »Und Gott der Herr sprach: Siehe, der Mensch ist geworden wie unsereiner, indem er erkennt, was gut und böse ist ...« (1. Buch Mose, Kapitel 3, Vers 22).

Als Gewissen wird grundsätzlich das Wissen darüber bezeichnet, was gut und was böse ist. Das Gewissen gehört von Geburt an zum Wesen *jedes* Menschen, unabhängig von Kultur, Erziehung und Umwelt. Theologisch definiert ist das Gewissen das Gesetz, das der Mensch sich nicht selbst gibt. Denn es ist göttlicher Natur, der göttliche Rahmen, in dem sich der Mensch bewegen soll, definiert von Gott in den Zehn Geboten: 1. Ich bin der Herr dein Gott; du sollst keine anderen Götter neben mir haben. 2. Du sollst dir kein Bildnis noch irgendein Gleichnis von Gott machen, um ihn damit zu verehren. 3. Du sollst den Namen des Herrn deines Gottes nicht missbrauchen. 4. Du sollst den Feiertag heiligen. 5. Du sollst deinen Vater und deine Mutter ehren. 6. Du sollst nicht töten. 7. Du sollst nicht ehebrechen. 8. Du sollst nicht stehlen. 9. Du sollst nicht falsch Zeugnis reden wider deinen Nächsten. 10. Du sollst nicht begehren, was deinem Nächsten gehört. Der Original-Wortlaut steht im 2. Buch Mose, Kapitel 20, Verse 2-17 bzw. im 5. Buch Mose, Kapitel 5, Verse 6-21.

Die Zehn Gebote, die Mose von Gott am Berg Sinai erhalten hatte, stellen Regeln auf zwischen dem Menschen und Gott und zwischen den Menschen untereinander. Sie nur und ausschließlich als Empfehlung für ein moralisch erstrebenswertes menschliches Verhalten zu betrachten, würde aber dem ersten Gebot widersprechen: »Ich bin der Herr, dein Gott.« Nur die Gesetze, aber nicht den Gesetzgeber anzuerkennen, trennt, was eine

Einheit ist. Jesus hat die Zehn Gebote zu zwei Geboten für die Beziehungen vom Menschen zu Gott und von Menschen untereinander zusammengefasst: »[...] und einer von ihnen, ein Gesetzesgelehrter, stellte ihm eine Frage, um ihn zu versuchen, und sprach: Meister, welches ist das größte Gebot im Gesetz? Und Jesus sprach zu ihm: Du sollst den Herrn, deinen Gott, lieben mit deinem ganzen Herzen und mit deiner ganzen Seele und mit deinem ganzen Denken. Das ist das erste und größte Gebot. Und das zweite ist ihm vergleichbar: Du sollst deinen Nächsten lieben wie dich selbst« (NT, Matthäus-Evangelium, Kapitel 22, Verse 35-39). Die bessere Übersetzung des Griechischen für den zweiten Teil lautet: »Liebe deinen Nächsten, denn er ist wie du.« Das bedeutet vor allem, dass man die Schwächen des anderen nicht verurteilen soll, weil man selbst genügend davon hat. Weshalb es nicht angebracht ist, den schwachen Nächsten zu verachten, sondern man kann ihn lieben als »seinesgleichen«.

Das Gewissen äußert sich als der Wille bzw. das in jeden Menschen eingeschriebene Gesetz Gottes, es ist die Stimme, die ihn immer zur Liebe und zum Tun des Guten bzw. zur Unterlassung des Bösen aufruft. Es tritt im Menschen wie eine eigenständige Person auf: Es hat einen Willen – identisch mit dem Willen Gottes. Es hat Wissen – es weiß wie Gott, was gut und böse ist. Gewissen bedeutet Mit-Wissen, es ist der Teil des Wissens, den der Mensch mit Gott gemeinsam hat. Das Gewissen hat Gefühle und Empfindungen. Es kann sein Okay geben zu Handlungen (reines Gewissen), es kann aber auch Unruhe und Angst auslösen (schlechtes Gewissen). Insofern handelt es im Menschen wie ein Gesetzgeber (das Gesetz Gottes) und wie ein Richter. Das Gewissen des Menschen kann für kurze oder längere Zeit unterdrückt oder zum Schweigen gebracht, aber nicht auf Dauer abgetötet werden. Es zieht sich zurück, aber es meldet sich zu irgendeinem Vorfall wieder – und wenn erst nach Jahren oder

Jahrzehnten. Die erste Tat, die in Kenntnis von Gut und Böse verübt wurde, war ein Totschlag: Kain bringt Abel um. Die Geschichte zeigt, dass sich an dieser Art der Problemlösung nichts geändert hat. Das Entscheidende ist, dass der Mensch in seiner ganzen Geschichte sich nicht dazu entschließen konnte, nur das Gute zu tun. Der Mensch besitzt Entscheidungsfreiheit – von Gott gegebene Freiheit – und hat deshalb auch die Pflicht, sich zu entscheiden. Doch er ist damit überfordert, er tut beides, das Gute und das Böse. *Alexander Solschenizyns'* Erkenntnis im »Archipel Gulag« lautet: »[...] dass die Linie, die Gut und Böse trennt, nicht zwischen Staaten, nicht zwischen Klassen und nicht zwischen Parteien verläuft, sondern quer durch jedes Menschenherz.« Viele werden sagen, dass das Üble in der Welt überwiege. Jedenfalls besteht eine Kluft zwischen dem, was zu tun wäre, und dem, was tatsächlich getan wird. Obwohl der Mensch und Gott das gleiche Wissen über Gut und Böse haben, ist allein Gott dazu fähig, immer nur das Gute zu tun.

Außer der Entstehung des Universums und des Lebens weist also auch das Gewissen des Menschen auf Gott hin. Denn es braucht einen, der in die Menschen einpflanzt, was der Mensch nicht selbst aus sich heraus entwickeln und erkennen kann.

Die Bibel: alles Märchen, alles Mythen, alles Quatsch?

Bisher wurden außerbiblische Hinweise auf die Existenz Gottes genannt – aber wie ist es mit Gott selbst? Wie vertrauenswürdig ist er?

Die Antwort auf diese Frage gibt die Bibel. Sie wird als Wort Gottes bezeichnet, sie ist Botschaft von Gott mit Information über ihn, mit dem Menschen als Adressaten. Die Glaubwürdigkeit Gottes hängt deshalb direkt mit der Glaubwürdigkeit der Bibel zusammen. Doch der Gott der Bibel steht für viele auf gleicher Höhe wie die griechischen und ägyptischen Götter: klare Erfindungen. Gott und Götter sind von Menschen gemacht. Oder wie Neurologen sagen: ein Fantasieprodukt durchgeknallter Nervenzellen. Und die Bibel lesen ist das Gleiche wie Götterlegenden lesen. Oder Grimms Märchen. Das heißt also: Die Bibel als Ganzes habe dem Menschen des 21. Jahrhunderts nichts mehr zu sagen, meint man. Akzeptabel und richtig seien nur noch wenige Empfehlungen, zum Beispiel »Du sollst nicht töten« oder »Du sollst nicht stehlen«. Insgesamt rede die Bibel aber am Menschen von heute vorbei, weil sie voller antiquierter, altertümlicher Vorstellungen stecke, auf ihrer Gedankenwelt liege der Staub von mindestens 2.000 Jahren. Was sagt die Bibel dazu, dass sie angeblich dem modernen Menschen nichts mehr zu sagen hat? »Stolz kommt vor dem Zusammenbruch, und Hochmut kommt vor dem Fall.« Wo steht das? Im Alten Testament, Sprüche 16, Vers 18, niedergeschrieben vor ca. 2.600 Jahren. Das sagt Gott in zwei Sätzen denen, die meinen, Gott habe den Menschen von heute nichts Wichtiges mitzuteilen. Aber Gott hat mehr: Alle Antworten auf alle lebenswichtigen Fragen des 21. Jahrhunderts, zusammengefasst unter einem bekannten Titel: Die Bibel. Sie ist übrigens immer noch ein Bestseller, obwohl sie das Image hat, ein unverständliches, antiquiertes Märchenbuch zu sein, ohne Bedeutung für den Menschen von heute.

Aber die wissenschaftliche Prüfung ergibt etwas anderes: Es ist nicht möglich, die Bibel als Erfindung, Märchen oder Mythos abzutun. Allein schon, dass es sie gibt, kann unmöglich auf rein menschliche Leistungen zurückgeführt werden. Denn in einem Zeitraum von ungefähr 1.600 Jahren haben über 40 Verfasser ihre Berichte geschrieben – die 66 Bücher der Bibel. Die meisten Schreiber kannten sich nicht, die wenigsten wussten, was der andere schreibt. Sie schrieben auf drei Kontinenten: Asien, Afrika, Europa. Und in drei Sprachen: Hebräisch, Aramäisch und Griechisch. Sie verfassten ihre Berichte auf der Wanderschaft, in einem Palast, im Gefängnis oder in der Verbannung. Zu den Verfassern gehörten z.b. ein General (Josua), ein Hirte (Amos), ein Finanzminister (Nehemia), ein Arzt (Lukas), ein studierter Pharisäer und Zeltmacher (Paulus), ein Inhaber eines mittelständischen Fischereibetriebs (Petrus), zwei Könige (Salomo, David), ein Zöllner (Matthäus) und zwei Halbbrüder von Jesus (Jakobus und Judas). Alle Autoren in der Bibel behandelten Hunderte von Themen. Dass daraus kein wildes und widersprüchliches Durcheinander entstand, sondern ein zusammenhängendes, stimmiges, harmonisches, einzigartiges Werk, liegt jenseits aller Wahrscheinlichkeit – aber ist doch Tatsache.

Die Bibel bildet eine Einheit, durch die sich ein einziger thematischer Leitstrahl zieht – die Antworten auf die Fragen: Wer ist Gott? Wer ist der Mensch? Gibt es eine Verbindung zwischen Gott und Mensch? Es geht um die zentralen Fragen des Menschen: Woher komme ich? Wohin gehe ich? Was ist der Sinn des Lebens? Die Antworten gibt die Bibel. Ohne inhaltliche Brüche oder Widersprüche. Die Erklärung dafür: Die Bibel ist kein Werk, das nur in den Köpfen von Menschen entstand. Natürlich haben Menschen Material zusammengetragen, zum Beispiel Geschlechtsregister, Familien- und Volkschroniken oder Erlebnisberichte. Vor allem aber: Gott hat auch zu Menschen *gesprochen* und sie dazu angeleitet und durch seinen Geist befähigt, alles in seinem Sinne zusammenzustellen und niederzuschreiben.

An weltlichen Maßstäben gemessen ist die Bibel ein einzigartiges Buch: Die gesamte Heilige Schrift liegt in 492 Sprachen vor, Teile von ihr wurden bisher in über 2.400 Sprachen übersetzt, an Übertragungen in mehr als 1.000 weitere Sprachen wird gearbeitet. Jährlich werden ca. 30-40 neue Bibelübersetzungen fertiggestellt. Insgesamt ist die Bibel das weltweit am meisten verkaufte, gelesene und zitierte, aber auch das meist kritisierte und meist gehasste Buch. Trotzdem hat sie jede Kritik und die vielen Versuche, sie auszurotten, nicht nur überlebt, sondern sie wurde zur Grundlage von Menschenrechten, Verfassungen, Gesetzen und Gesellschaftsstrukturen.

Wer die Bibel so nimmt, wie sie ist, wer nichts hinzufügt und nichts wegnimmt, der hat ein unerklärliches, aber trotzdem absolut stimmiges, einzigartiges Werk vor sich. Es bietet wahre Nahrung für Seele und Geist: vom Trost und der Orientierungshilfe der Psalmen bis zum Römerbrief des Paulus, der für viele das anspruchsvollste und tiefgründigste Werk ist, das jemals geschrieben wurde. Kern der Bibel bilden natürlich die Worte und Taten Jesu als die elementarste Botschaft in der Menschheitsgeschichte. Der christliche Glaube sagt: Menschen haben die Bibel geschrieben – aber sie haben sie sich nicht ausgedacht. Alle anderen religiösen und philosophischen Bücher haben Menschen als Autoren – die nachgedacht oder sich in besondere emotionale oder geistige Zustände versetzt haben. Die Bibel aber wurde nicht geschrieben, weil Menschen übernatürliche Gedanken oder Stimmungen hatten. Sie wurde geschrieben, weil Gott es wollte. Jeder Schreiber hatte seinen individuellen Stil, jeder schrieb unter Einsatz seines Willens, seines Verstandes und seines Gefühls, jeder schrieb für eine andere Zielgruppe, mit anderen Schwerpunkten. Aber jeder wurde insofern von Gott geführt, als das, was er schrieb, göttliche Wahrheit ist. Deshalb auch die durchgängige Stimmigkeit in der gesamten Bibel. Gesamte Bibel heißt: das Alte und das Neue Testament. Diese insgesamt 66 »Bücher« sind eine Einheit mit zwei gleichwertigen Teilen. Ohne das Alte Testament mit seinen 39 Büchern hätte das Neue keinen Anfang, ohne das Neue Testament mit seinen 27 Büchern wäre das Alte Testament ohne Ende. Nur in einer Hinsicht ist die Bibel ein Buch wie jedes andere: Es beginnt mit dem ersten Satz der ersten Seite – mit Vers 1 im ersten Kapitel von 1. Mose im Alten Testament – und endet mit dem letzten Satz der letzten Seite – mit Vers 21 des 22. Kapitels der Offenbarung im Neuen Testament. Vor allem aber: Die Bibel ist Gottes Wort, von Gott inspiriert – wörtlich »eingegeistet« oder »eingehaucht«, ihr Inhalt ist unter der Aufsicht und Führung Gottes entstanden. Deshalb hat man es bei der Bibel mit einer Bibliothek von Büchern zu tun, deren Einheit, Harmonie, Widerspruchslosigkeit, Tiefe und Breite der Themen einzigartig ist. Das Fehlen von Irrtümern in der Bibel bezieht sich auf den originalen Urtext, der in zahlreichen, von einander nur geringfügig abweichenden Abschriften überliefert vorliegt. Allein das Neue Testament ist komplett oder zumindest teilweise in über 5.000 handschriftlichen Kopien überliefert. Kein anderes Dokument der Antike ist so gut bezeugt, die Abweichungen der Kopien voneinander sind extrem klein. Im Jahr 1934 wurde in Ägypten zufällig ein 6 x 9 cm kleiner Papyrus-Fetzen (P52) untersucht, der auf beiden Seiten beschrieben war. Man konnte den Text identifizieren – auf der Vorderseite stehen Teile der Verse 31-33 aus dem 18. Kapitel des Johannes-Evangeliums, auf der Rückseite Bruchstücke der Verse 37 und 38. Die griechische Schrift wurde auf 100 bis höchstens 125 n.Chr. datiert. Das Johannes-Evangelium wurde spätestens im Jahr 95 n.Chr. geschrieben. Wenn man die früheste Datierung des Papyrus annimmt, entstand er nur fünf Jahre nach dem

Original. P52 ist also einer der ältesten Belege aus dem Neuen Testament. Mehr noch: Der Text des Papyrus stimmt genau mit dem gesicherten Text aus dem Mittelalter überein und mit dem Text, der heute in der Bibel steht. Seit fast 2.000 Jahren hat sich am Originaltext nichts geändert! In den Höhlen von Qumran wurde ein weiteres Fragment gefunden mit Texten aus dem Markus-Evangelium (das Qumran-Fragment 7Q5). Es handelt sich um einen handgeschriebenen Papyrus, dessen Entstehung auf 50, spätestens 68 n.Chr. datiert wurde, dem Jahr, in dem die Römer Qumran zerstörten. Das Original von Markus wurde frühestens um 30 n.Chr. geschrieben, wahrscheinlicher ist eine Entstehung um 50 n.Chr. Die Abschrift wurde also kurz nach dem Original, spätestens aber 38 Jahre danach verfasst. So frühe Kopien wie der 7Q5-Papyrus oder der P52 sind in der Geschichte der antiken Handschriften einzigartig.

Damit hatten aber Papyrologen und sogar viele Bibelwissenschaftler erhebliche Probleme. Sie konnten oder wollten diese Datierungen nicht glauben. *Carsten Peter Thiede*, der Wissenschaftler, der sich am intensivsten mit dem Fragment 7Q5 beschäftigte, wurde heftig angefeindet. Niemand wollte anerkennen, dass der 7Q5-Papyrus tatsächlich eine so frühe Abschrift eines Textteils des Evangelisten Markus ist. Denn das würde bedeuten, dass es sich bei den Evangelien um historische Dokumente handelt und dass schon wenige Jahre nach Jesu Tod die Aufzeichnungen über sein Leben begonnen hatten – zu einer Zeit, in der die meisten Zeugen (z.B. seiner Wunder) noch lebten. Heute ist die Datierung von 7Q5 wissenschaftlich bestätigt. Und damit auch, dass die Evangelien eben keine Sammlung von Mythen und passenden Legenden sind. Diese Unterstellung wurde als Legende entlarvt, nicht die Evangelien. Es wurden damals sogar Korrektoren beschäftigt. »Sie hatten die Aufgabe, die Präzision beim Abschreiben und Übermitteln des Bibeltextes zu überwachen. Die Sorgfalt, die beim Abschreiben des Zentraltextes im Tempel zur Anwendung kam, lässt sich aus den an einen Kopisten gerichteten Ermahnungsworten des Rabbi Jischma'el (um 130 n.Chr.) entnehmen: ›Mein Sohn, sei vorsichtig, denn dein Werk ist das Werk des Himmels. Wenn du einen Buchstaben weglässt oder einen Buchstaben hinzufügst, so findest du dich in der Funktion eines Zerstörers der ganzen Welt.‹« [40]

Die moderne wissenschaftliche Textkritik kommt zu dem Schluss, dass 99,9% der originalen Schriften des Alten und Neuen Testaments zu rekonstruieren und gesichert sind. Wobei es bei den restlichen unsicheren 0,1% keine Abweichungen gibt, die Auswirkungen auf den Inhalt haben oder grundsätzlichen christlichen Lehren widersprechen.

Die ehemaligen Muslime und heutigen Theologieprofessoren *Ergun Mehmet Caner* und *Emir Fethi Caner* schreiben: »Die Bibel ist besser überliefert als jede andere religiöse Schrift, ja, als jeder andere Text überhaupt, einschließlich des Korans. Während unter Uthman ganze Versionen des Korans verbrannt wurden, womit mögliche authentische Versionen der Worte Mohammeds für immer verloren gingen, wurde die Bibel mit der größten Sorgfalt geschrieben. [...] Wenn wir irgendetwas über die Lehren Christi wissen, dann das, dass Er die Bibel unumstößlich als bindend und wahr anerkannte. [...] Die Bibel ist immer wieder auf Herz und Nieren geprüft worden, doch das Ergebnis war stets das gleiche: Sie ist echt, sie ist wahr, sie ist vertrauenswürdig.« [41]

Schon der Apostel Paulus hat die Gläubigen dringend eingeladen, die Fakten zu prüfen. Er pochte nicht auf Vertrauen allein; er wusste, dass der Glaube auch Beweise und Bestätigungen braucht. Im Alten Testament hat Gott die Israeliten direkt aufgefordert, seine Verheißungen zu testen: »[...] und prüft mich doch dadurch, spricht der Herr der Heerscharen, ob ich euch nicht die Fenster des Himmels öffnen und euch Segen in überreicher Fülle herabschütten werde!« (AT, Maleachi, Kapitel 3, Vers 10).

Die Bibel sagt die Wahrheit. Weil Gott ihr Autor ist. Denn Gott ist Wahrheit, wie die Bibel sagt. Deshalb ist die Bibel glaubwürdig und gibt die wahren Antworten auf die existenziellen Fragen des Menschen. Es sind rettende Antworten, weil die Bibel als Wort Gottes Wegweisung und vor allem Heils- und Rettungsplan für eine gefallene, sündige Welt ist. In seinem zweiten Brief an Timotheus schreibt der Apostel Paulus: »Alle Schrift ist von Gott eingegeben und nützlich zur Belehrung, zur Überführung, zur Zurechtweisung, zur Erziehung in der Gerechtigkeit, damit der Mensch Gottes ganz zubereitet sei, zu jedem guten Werk völlig ausgerüstet« (NT, 2. Brief des Paulus an Timotheus, Kapitel 3, Verse 16-17). Oder: »Darum danken wir auch Gott unablässig, daß ihr, als ihr das von uns verkündigte Wort Gottes empfangen habt, es nicht als Menschenwort aufgenommen habt, sondern als das, was es in Wahrheit ist, als Gottes Wort, das auch wirksam ist in euch, die ihr gläubig seid« (NT, 1. Brief des Paulus an die Thessalonicher, Kapitel 2, Vers 13).

Bibelforscher und Theologen sagen es so: Die Bibel ist kein solches Buch, wie ein Mensch es schreiben würde, wenn er könnte, oder schreiben könnte, wenn er wollte. [42]

An der Schöpfung kann der Mensch erkennen, dass es einen Schöpfer gibt. Und in der Bibel gibt dieser Schöpfer Auskunft über sich selbst.

Die Bibel ist gerade deshalb glaubwürdig, weil sie nicht von Menschen erfunden wurde. Ein paar Beispiele sollen das im Folgenden verdeutlichen: Aussagen über Gott, historische Ereignisse und natürlich, als großes Thema, die Prophetien in der Bibel – speziell die über Israel und über Jesus.

Gott und Götter

Menschen würden über Gott einfach nicht so schreiben, wie es in der Bibel steht. Zum Beispiel die Geschichte mit Mose (2. Buch Mose, Kapitel 3).

Die Situation: Das Volk Israel lebte in Ägypten in Sklaverei, es wurde unterdrückt, gehasst, hatte keine Rechte, keine Aussicht auf Freiheit. Mose war ebenfalls Israelit, aber gerade auf der Flucht und hielt sich auf der Sinai-Halbinsel auf. Er hatte dort geheiratet und hütete in dieser dürren Gegend die Schafe seines Schwiegervaters. Eines Tages sah Mose plötzlich einen Busch, der brannte, aber nicht verbrannte. Das konnte es eigentlich nicht geben, also ging Mose hin, um mal nachzuschauen. »Da sprach Mose: Ich will doch hinzutreten und diese große Erscheinung ansehen, warum der Dornbusch nicht verbrennt! Als aber der Herr sah, dass er hinzutrat, um zu schauen, rief ihm Gott mitten aus dem Dornbusch zu und sprach: Mose, Mose! Er antwortete: Hier bin ich! Da sprach er: Tritt nicht näher heran! Ziehe deine Schuhe aus von deinen Füßen; denn der Ort, wo du stehst, ist heiliges Land! Und er sprach: Ich bin der Gott deines Vaters, der Gott Abrahams, der Gott Isaaks und der Gott Jakobs! Da verbarg Mose sein Angesicht; denn er fürchtete sich, Gott anzuschauen. Und der Herr sprach: Ich habe das Elend meines Volkes in Ägypten sehr wohl gesehen, und ich habe ihr Geschrei gehört über die, welche sie antreiben; ja, ich kenne ihre Schmerzen. Und ich bin herabgekommen, um sie zu erretten aus der Hand der Ägypter und sie aus diesem Land zu führen in ein gutes und weites Land, in ein Land, in dem Milch und Honig fließt, an den Ort der Kanaaniter, Hetiter, Amoriter, Pheresiter, Hewiter und Jebusiter. Und nun siehe, das Geschrei der Kinder Israels ist vor mich gekommen, und ich habe auch ihre Bedrängnis gesehen, wie die Ägypter sie bedrücken. So geh nun hin! Denn ich will dich zu dem Pharao senden, damit du mein Volk, die Kinder Israels, aus Ägypten führst! Mose aber sprach zu Gott: Wer bin ich, dass ich zum Pharao gehen, und dass ich die Kinder Israels aus Ägypten führen sollte? Da sprach er: Ich will mit dir sein; und dies soll dir das Zeichen sein, dass ich dich gesandt habe: Wenn du das Volk aus Ägypten geführt hast, werdet ihr an diesem Berg Gott dienen!« (2. Buch Mose, Kapitel 3, Verse 3-12).

Mose bekommt den Auftrag, die Israeliten aus der Sklaverei in Ägypten herauszuführen, wo sie schon 430 Jahre zugebracht hatten, und nach Kanaan zu bringen (ungefähr das heutige Israel – das Land, das Gott als Heimat für die Israeliten vorherbestimmt hat). Archäologen datieren den Auszug der Israeliten aus Ägypten auf ca. 1475/1450 v.Chr. Mose weiß: Er muss seinen Leuten in Ägypten sagen, wer ihn schickt. Deshalb wollte er mehr über seinen Auftraggeber wissen. Vor allem seinen Namen. Denn Namen waren in jener Zeit auch Beschreibungen von Wesen, Bedeutung und Auftrag des Namensträgers. Also wer spricht da im Dornengestrüpp? Mose fragte also: »[...] Siehe, wenn ich zu den Kindern Israels komme und zu ihnen sage: Der Gott eurer Väter hat mich zu euch gesandt!, und sie mich fragen werden: Was ist sein Name? – was soll ich ihnen sagen? Gott sprach zu Mose: Ich bin, der ich bin! Und er sprach: So sollst du zu den Kindern Israels sagen: ›Ich bin‹, der hat mich zu euch gesandt« (2. Buch Mose, Kapitel 3, Verse 13-14).

Da ist einer, der sagt »Ich bin, der ICH BIN«. Andererseits wimmelte es zu jener Zeit nur so von Göttern: »Aus der antiken Literatur sind 4.000 Götter einzeln bekannt, doch schon Hesiod (›Werke und Tage‹) hatte im 7. vorchristlichen Jahrhundert von 30.000 Göttern geschrieben und wurde noch im 2. Jahrhundert n.Chr. dafür kritisiert, untertrieben zu haben (Maximus von Tyrus, ›Reden‹, 11,12). [43] Für alles, was die Menschen nicht selbst kontrollieren konnten, was unerklärlich war oder wovor sie

Angst hatten, gab es höhere Wesen. Vor allem die Naturphänomene und Naturgesetze wurden als Götter und Göttinnen verehrt. Denn man war überzeugt, dass die Natur beseelt sei und keine Trennung zwischen Geist und Materie bestehe. Die Götter sind in der Welt, reden und handeln durch die Natur – und bestätigen die Macht des Königs.

Von den Göttern erhoffte man sich, dass sie die Dinge regeln. Meistens unter Darbringung von Opfergaben, um die höheren Mächte milde zu stimmen. Wenn man diese Götter nach dem beurteilt, wie sie sich verhielten und was sie taten, dann fällt auf: Sie sind nicht besser als Menschen, sie verhalten sich mindestens genau so hinterlistig, brutal und bösartig. Sie sind ein Spiegelbild der Menschen in höheren Regionen. Ihre Zuständigkeitsbereiche sind Liebe, Tod, Nachwuchs, Glück, Krieg, Wohlstand. Aber sie sind unberechenbar, handeln willkürlich, machen, was sie wollen. Die meisten Götter haben Vater und Mutter, sind Geschöpfe. Der einzige Unterschied zu Menschen besteht darin, dass sie als unsterblich galten. Eins ist klar: Diese Götter sind Produkt der menschlichen Fantasie und Bedürfnisse. Es sind geschaffene Wesen. Doch man sollte nicht überheblich werden und den Götterglauben der Antike lächerlich machen. Denn es steckt etwas zutiefst Menschliches dahinter: Die Suche nach Schutz, Geborgenheit und Sicherheit bei jemandem, der über den Dingen steht und den menschlichen Beschränkungen nicht unterworfen ist.

In Ägypten zum Beispiel, wo die Israeliten mehr als 400 Jahre lang als Sklaven lebten, wimmelte es nur so von solchen Göttern. Einer hieß *Amun*, er war der Chef, der König der Götter. Dann *Anuket*, die Göttin des Nils, sie beschützte durch ihre Zauberkräfte vor Krankheiten und Gefahren; *Chnum* wurde als Schöpfer der Lebewesen verehrt und war Gott der Fruchtbarkeit des Landes; *Hathor* hatte die Funktion einer Schutzherrin bei der Geburt, war Liebesgöttin und Göttin der Regeneration; *Osiris* war der Gott der Ernte und oberster Totenrichter; *Re* stand für den kosmischen Sonnenverlauf und so weiter.

Angenommen, die Bibel wäre das Produkt von Märchenschreibern. Die hätten da mehr zu bieten gehabt und einen Gott mit einem beeindruckenden Namen erfunden, irgendetwas mit ›Kraft‹, ›Stärke‹, ›Herrscher‹. Aber nein, in ihrer Geschichte kommt an der Stelle, an der dieser Gott seinen Namen nennt, nur ein dürres, sprödes, fast abweisendes »Ich bin, der ich bin«. Fertig. Aber es steht da. Mose hat es aufgeschrieben. Nach seinem Namen gefragt, antwortet Gott: Ich bin, der ich bin. Die hebräische Bezeichnung lautet JHWH/Jahwe. Das kann sowohl »existieren«, »sein« oder »werden« bedeuten, aber auch »geschehen«, »veranlassen«, »da sein«. In der Gegenwartsform ausgedrückt meint JHWH: Ich bin, der ich bin. Ins Futur gesetzt bedeutet diese Bezeichnung: Ich werde sein, der ich sein werde (oder »Ich werde für euch da sein«, »Ich werde mich für euch als hilfreich erweisen«). Jahwe ist somit auch immer der Gott der Barmherzigkeit, der Gnade und Treue.

Hier hat Gott gesprochen, kein Märchenerzähler. Und sein »Ich bin, der ich bin« hat die Welt verändert. Dieser Gott sagt: Ich bin der Eine, der einzige Gott, der Ewige, der schon immer war und immer sein wird. Ich bin, der ich bin bedeutet: Ich bin nicht von Menschen erdacht wie eure Götter, ich existiere aus mir selbst, habe immer existiert und werde immer existieren. Ich bin frei von allen Einschränkungen, Bindungen und Umständen. Ich bin, der ich bin heißt: Ich bin der, der immer war, immer ist und immer sein wird. Also auch: Ich bin so, wie ich bin, und nicht so, wie Menschen mich gerne haben möchten.

Jahwe ist kein Ding und kein Wesen, das sich die Menschen erst gemacht und dann angebetet haben. Sondern er ist der lebendige Gott, der die Menschen »gemacht« hat.

In der antiken Welt der Vielgötterei gab es plötzlich einen neuen Brennpunkt – wörtlich und theologisch: Ein Busch brannte und dieser neue Gott sprach. Nicht zum ersten Mal. Aber was er hier sagte, ist vorher noch von keinem Gott und von keinem Menschen ausgesprochen worden. Das Dramatische, völlig Neue, nicht Vorstellbare platzte mitten in eine Welt, in der kein Herrschaftsbereich, kein Volk, kein Stamm, kein Mensch die Vorstellung nur *eines* Gottes kannte. In diesen Polytheismus fuhr es wie ein Blitz aus heiterem Himmel: Ich bin Jahwe, der ›Ich bin‹. Und der Glaube an den einen und wahren Gott hat begonnen. Er steht auch heute noch im Mittelpunkt des Glaubensbekenntnisses gläubiger Juden – es ist das *Sch'ma Jis'rael*, das zentrale jüdische Gebet: *Sch^ema Jisra'el, adonaj elohejnu, adonaj echad!* (Höre Israel, der Herr ist unser Gott, der Herr allein. / 5. Buch Mose, Kapitel 6, Vers 4). Oder, wie es einige Jahrhunderte später beim Propheten Jesaja heißt: »[...] vor mir ist kein Gott gebildet worden, und nach mir wird es keinen geben. Ich, ich bin der Herr, und außer mir gibt es keinen Retter« (Jesaja, Kapitel 43, Verse 10-11).

Als Ausdruck für die unendliche Größe und Erhabenheit Gottes war der Name Jahwe oder das Tetragramm JHWH den Juden heilig. Sie ersetzten ihn deshalb während des Lesens der Bibel durch das griechische *Adonai*, was »Herr« bedeutet.

Für Menschen der Antike war dieser eine Gott, der »Ich bin, der ich bin« genau so wenig denkbar wie Autos, All-inclusive-Urlaub oder Frauenfußball. Während die Menschen in Ägypten oder Mesopotamien die Stimme irgendeines Gottes unter vielen Göttern hörten, hörte Mose Gottes Stimme. Hier sprach der einzige, der wahre Gott. Nicht von Menschen erdacht, sondern souveräner Herrscher, der aus sich selbst existiert. Genau das konnte in jener Zeit kein Mensch denken. Der Gott, der sagt, er sei eine ewige, von Menschen unabhängige Existenz, war in der Vorstellungswelt der damaligen Menschen, die sich ihre Götter selbst geschaffen hatten, einfach nicht denkbar. Götter gab es, weil es Menschen gab. Aber diesen Gott, diesen Jahwe, gab es schon, als noch gar keine Menschen existierten. Götter sind von Menschen erschaffen, aber dieser Gott hat Menschen erschaffen. Jahwe war deshalb nicht ein weiteres Exemplar innerhalb der Vielgötterei, war kein neues Götter-Update, keine neue Idee für einen neuen Götter-Gott. Sondern »Ich bin, der ich bin« ist der Beginn von etwas ganz Neuem: Jahwe, der wahre, einzige Gott, schon existent, bevor es Menschen gab, dieser ewige Gott hat sich zu erkennen gegeben. Als höchstes, vollkommenes, ewiges Wesen. Aber gleichzeitig kann er angesprochen werden wie eine menschliche Person. Er reagiert nicht mechanisch, unpersönlich und unberechenbar wie eine Naturgewalt, sondern erweist sich als gnädiger und liebevoller Gott. Auch das war einzigartig in der Welt des antiken Polytheismus. Diesen Gott, diesen »Ich bin, der ich bin« als erfunden zu bezeichnen, endet in einem Paradox: Denken Sie etwas, was Sie nicht denken können. Stellen Sie sich etwas vor, was Sie sich nicht vorstellen können. Jahwe war der Gott, den man nicht erfinden konnte, weil kein Mensch fähig war, sich diesen Gott vorzustellen. Er musste sich deshalb selbst vorstellen und zu erkennen geben – sich den Menschen offenbaren. Davon berichtet die Bibel. Das sagt aber auch ganz deutlich: Ob man sich den einen Gott denken kann oder nicht, ob man ihn für möglich hält oder nicht, ist kein Kriterium dafür, ob es ihn gibt oder nicht. Jahwe, dieser Gott, ist kein Fantasieprodukt. Und die Bibel, die über ihn berichtet, kein Märchenbuch. Sie ist einfach die Wahrheit – von Gott und über Gott.

Was die Bibel weiterhin als einzigartiges Buch auszeichnet, ist ihre historische Zuverlässigkeit. Natürlich gibt es nicht für jedes Ereignis und jeden Namen einen schriftlichen Beweis. Das gilt nicht nur für die Bibel, sondern für alles, was vor 2.000 oder 3.000 Jahren geschehen ist. Doch die Bibel ist trotzdem etwas Besonderes: Der berühmte jüdische Archäologe Nelson William F. Albright schreibt: »Der überspitzte Skeptizismus, der der Bibel von bedeutenden Geschichtsschulen des 18. Jahrhunderts entgegengebracht wurde und der auch heute noch von Zeit zu Zeit auftritt, ist zunehmend in Misskredit geraten. Eine Entdeckung nach der anderen bestätigte die Genauigkeit der Bibel in unzähligen Details und hat der Bibel eine zunehmende Anerkennung als wertvolle historische Quelle eingebracht.« [44]

Ein Beispiel für die historische Zuverlässigkeit der Bibel steht im Alten Testament: Einige Hundert Jahre nachdem die Israeliten unter der Führung Moses Ägypten verlassen und sich in Kanaan angesiedelt hatten, wurde die Hauptstadt Jerusalem von Nebukadnezar II. erobert, der Tempel zerstört und der König Jojachin sowie Beamte, Handwerker und Soldaten nach Babylon in die Gefangenschaft geführt. Jojachin war erst 18 Jahre alt und lebte noch 37 Jahre lang in Babylon in Gefangenschaft – am Hof von Nebukadnezar. Diese Situation kann man als ein Beispiel dafür nehmen, dass die Bibel historisch gesehen Fakten liefert und auch in dieser Hinsicht kein Märchenbuch ist, sondern korrekte historische Angaben über Zeit und Umstände macht. Das babylonische Exil (597-538 v.Chr.) wird im 2. Buch Könige, Kapitel 24, so beschrieben: »Zu jener Zeit zogen die Knechte Nebukadnezars, des Königs von Babel, nach Jerusalem herauf, und die Stadt kam in Belagerung. Und Nebukadnezar, der König von Babel, kam zu der Stadt, während seine Knechte sie belagerten. Und Jojachin, der König von Juda, ging zu dem König von Babel hinaus, er und seine Mutter und seine Knechte und seine Obersten und seine Kämmerer; und der König von Babel nahm ihn gefangen im achten Jahre seiner Regierung. Und er brachte von dannen heraus alle Schätze des Hauses Jahwes und die Schätze des Königshauses, und er zerschlug alle goldenen Geräte, die Salomo, der König von Israel, im Tempel Jahwes gemacht hatte: so wie Jahwe geredet hatte. Und er führte ganz Jerusalem hinweg, und alle Obersten und alle streitbaren Männer, zehntausend Gefangene, und alle Werkleute und Schlosser; nichts blieb übrig als nur das geringe Volk des Landes. Und er führte

Jojachin hinweg nach Babel; und die Mutter des Königs und die Weiber des Königs und seine Kämmerer und die Mächtigen des Landes führte er als Gefangene von Jerusalem hinweg nach Babel; und alle Kriegsmänner, siebentausend, und die Werkleute und die Schlosser, tausend, alles streitbare Männer, Kriegsleute, die brachte der König von Babel als Gefangene nach Babel.«

Schon damals gab es eine penible Bürokratie im babylonischen Reich, und die Kanzlei des Königs Nebukadnezar hat die Sache mit dem israelischen Volk und seinem König gewissenhaft auf Tontafeln festgehalten: »Im siebten Jahr, im Monat Kislev, bot der König ... sein Heer auf und zog nach dem Lande Chatti (Syrien). Gegenüber der Stadt der Judäer warf er sein Lager auf und eroberte am zweiten Adar (16. März 597) die Stadt. Den König (Jojachin) nahm er gefangen, einen König nach seinem Herzen (nämlich Zedekia) betraute er mit ihr. Ihre schwere Abgabe nahm er und ließ sie nach Babylon bringen« (Keilschrift-Tontafel im Britischen Museum). Auf weiteren Tontafeln wurde sogar verzeichnet, was Jojachin, der am Hof Nebukadnezars lebte, gegessen hatte. Es wurden Quittungen entdeckt, in denen Lebensmittelausgaben für Jojachin und seine Söhne aufgelistet waren. Eine ist im Vorderasiatischen Museum in Berlin ausgestellt. Das ist nur eins von unzähligen Beispielen dafür, dass historische Berichte in der Bibel auch in außerbiblischen Dokumenten bestätigt werden.

Der wahrscheinlich bedeutendste Experte der israelitischen Archäologie, *Dr. Nelson Glueck*, stellt fest: »In meinen gesamten archäologischen Forschungen habe ich nie ein Zeugnis der Antike gefunden, das irgendeiner Aussage des Wortes Gottes widerspricht.« [45] Glueck spricht an anderer Stelle vom »... nahezu unglaublich genauen historischen Gedächtnis der Bibel, das durch archäologische Fakten bestätigt wird.« [46]

In Israel und den angrenzenden Ländern entdeckt man nicht nur normale archäologische Funde, sondern es sind meistens auch neue Beweise für die historische Glaubwürdigkeit der Bibel: »Während der 60er und 70er Jahre haben zahlreiche archäologische Entdeckungen neues Licht auf die Bibel und ihre Inhalte geworfen. Das Nachrichtenmagazin *U. S. News and World Report* berichtete am 24. August 1981, dass diese Entdeckungen ›[...] bestätigen, dass die Bibel historisch korrekter ist, als viele Gelehrte bisher annahmen. Die meisten Kritiker und Gelehrte haben bereits seit Langem die Zerstörung von Sodom und Gomorra als Mythos abgetan. Die historische Existenz der Städte selbst war weitgehend bezweifelt. Zwei anerkannte, amerikanische Archäologen, Walter E. Rast und R. Thomas Schaub, glauben, die Überreste dieser Städte gefunden zu haben, sowie dreier weiterer Siedlungen, auf die im 1. Buch Mose als Städte in der Gegend Bezug genommen wird. Die Ruinen befinden sich – entsprechend dem biblischen Bericht – wenige Meilen vom Toten Meer entfernt. Des Weiteren scheinen mindestens drei der Städte von Feuer zerstört worden zu sein, was laut der Bibel als Strafe Gottes stattfand.‹ (U. S. News and World Report 24.8.89). Eine weitere Entdeckung, die nicht nur die Existenz von Sodom und Gomorra als historische Städte bestätigt, sondern auch Licht auf viele andere biblische Erzählungen wirft, ist der Fund der Tontafeln von Ebla. Die historische Stadt Ebla wurde im Norden des heutigen Syrien ausgegraben. Der italienische Professor Giovanni Pettinato übersetzte dort gefundene Keilschrift-Texte auf Tafeln über kommerzielle Transaktionen, die mit den Städten Sodom und Gomorra zu tun hatten. Wie die Zeitschrift Time feststellte: ›Funde von Ebla könnten eine wesentlich breitere Wirkung haben. Viele liberale Bibelgelehrte betrachten Abraham nicht als historische Figur, sondern als eine Art semitischen König Arthur. Ihrer Ansicht nach mussten die Geschichten über Abraham und die anderen Patriarchen mehr als 1.000 Jahre nach den Ereignissen, die sie berichten, niedergeschrieben worden sein. Nun haben in dem Teil der Welt, der die Bibel hervorgebracht hat, die Schrifttafeln von Ebla nachgewiesen, dass eine hoch entwickelte und extensive Schreibkultur existierte – lange vor Moses und Abraham [...].‹ Nach Ebla tun wir gut daran, die Bibel als historisches Dokument sehr viel ernster zu nehmen. Zusätzlich zu Informationen über die Patriarchen und die Städte Sodom und Gomorra wurden in Ebla Informationen hinsichtlich des Auszugs Israels aus Ägypten entdeckt. Laut Hans Goedicke, prominenter Ägyptologe an der *John-Hopkins-Universität*, erzählt eine der Ebla-Tafeln nicht nur die Geschichte des Exodus aus ägyptischer Perspektive, sondern datiert das Ereignis um 1475 v.Chr. – ungefähr zwei Jahrhunderte früher als die Datierung der konventionellen Gelehrtenmeinung und dennoch übereinstimmend mit dem Zeitrahmen, den die Bibel gibt. Wie steht es mit der Theorie, dass mehrere Autoren die traditionellen Bücher Mose verfasst haben sollen? Laut dem Magazin *Time* hat der Bibelgelehrte *Yehuda Radday* am Israel *Institute of Technology* in Haifa anhand einer fünfjährigen, computerunterstützten Studie des ersten Buches Mose nachgewiesen, dass es das Werk eines einzelnen Autors ist. Professor Radday und drei seiner Kollegen studierten den hebräischen Text anhand von 56 Sprachverhaltenskriterien, die außerhalb der bewussten Kontrolle eines Autors liegen. Seine Analysen führten ihn zu der Schlussfolgerung, dass die Genesis die Arbeit eines einzelnen Autors sein muss und dass die JEDP-Hypothese (die Theorie von Kritikern, das Buch Genesis sei das Resultat mehrerer Autoren über einen Zeitraum von mehreren Jahrhunderten) abgelehnt werden sollte. Es gibt weitere Beispiele. Wann immer die Bibel ernsthaft wissenschaftlich geprüft wird, sind es die Kritiker, denen Mängel nachgewiesen werden, nicht die Bibel.« [47]

Prophetien werden Wirklichkeit

Ein weiterer Maßstab für die Glaubwürdigkeit der Bibel sind natürlich ihre Prophetien und ihre nachprüfbare Erfüllung in der Wirklichkeit.

»Das Wort ›Prophet‹ leitet sich von dem griechischen Wort *prophetes* ab, es bedeutet: ›jemand, der vorausredet‹ oder ›vorhersagt‹. Die griechischen Übersetzer der Bibel verwendeten *prophetes*, um verschiedenen Typen der hebräischen Prophetie zusammenzufassen: den *Chose* (Visionär), den *Ro'eh* (Seher) und den *Nawi*. *Nawi* ist die gebräuchlichste Bezeichnung in der Bibel. Ein *Nawi* ist ein berufener Botschafter Gottes, der beauftragt ist, dem Volk den Willen Gottes mitzuteilen. Oft nimmt er diese Rolle nur zögernd an, übt sie dann aber mit leidenschaftlicher Hingabe aus. Der Prophet wird ein radikales Individuum, niemandem verantwortlich als der göttlichen moralischen Instanz, die er repräsentiert. Keiner der hier vorgestellten biblischen Propheten hatte eine offizielle Position im antiken Israel. Sie hatten verschiedene Hintergründe und soziale Stellungen. Jeder hatte seinen eigenen Stil und bewahrte seine Individualität. Dies spiegelt sich in den literarischen Werken, die ihre Predigten, Träume und Botschaften ausführlich schildern. [...] Durch die Propheten wurde die göttliche Botschaft des Moralgesetzes und des sozialen Bewusstseins übermittelt. Der *Nawi* oder weiblich die *Newia* galt als Mann oder Frau Gottes, die dem Volk Gottes Willen mitteilte, um Gerechtigkeit, Frieden und religiöse Wahrheit zu verbreiten. Der *Nawi* erhob sich gegen das Establishment, wenn Könige und Priester ihre Macht missbrauchten. Er verteidigte die Rechte Einzelner, vor allem jener, die selbst machtlos waren, dies zu tun. Als Folge davon musste ein *Nawi* oft Gefängnis, Verbannung oder Nötigung erleiden, um dem Willen des

Herrschers gefügig gemacht zu werden. Kompromisse aber waren nicht das Wesen des *Nawi*, und dies unterschied den wahren vom falschen Propheten.« [48]

Wahre Prophetie bedeutet, das von Gott Gesagte hören und verkünden. Deshalb beginnen viele Propheten ihre Rede mit »So spricht der HERR!« oder »Dies ist das Wort des HERRN!« Immer wieder wird in der Bibel darauf hingewiesen, dass Prophetien nicht Produkt menschlichen Wunschdenkens oder eigener Überlegungen sind. So sagt z.B. der Apostel Petrus: »Dabei sollt ihr vor allem das erkennen, daß keine Weissagung der Schrift von eigenmächtiger Deutung ist. Denn niemals wurde eine Weissagung durch menschlichen Willen hervorgebracht, sondern vom Heiligen Geist getrieben haben die heiligen Menschen Gottes geredet« (NT, 2. Brief des Apostels Petrus, Kapitel 1, Vers 20-21). Der Dienst des Propheten (und der Prophetinnen) bestand nicht, wie das Wort vermuten lässt, hauptsächlich darin, die Zukunft vorauszusagen. Als Verbindungsmann zwischen Gott und dem Volk hatte er vor allem zwei andere Aufgaben: auf Fehlentwicklungen und Missstände hinzuweisen – zum Beispiel Undankbarkeit, Sündhaftigkeit, geistliche Heuchelei – mit der Aufforderung, das zu ändern. Eine weitere Aufgabe des Propheten war, Gottes Trost und Zuspruch auszusprechen. Grundsätzlich geht es darum, dass die Propheten dem Volk und deren Führern Wegweisung und Orientierung darüber gaben, was der Wille Gottes ist – mit Ankündigung der Konsequenzen, wenn die Menschen ihn nicht befolgen. Es waren Mahnungen aus Liebe: Gott will das Gute für die Menschen, aber er sagt auch, was geschieht, wenn sie ihren eigenen Weg gehen wollen. Wenn es um zukünftige Ereignisse ging, gab es ein klares Kriterium: Das Verkündete, Prophezeite tritt ein und geht genau so in Erfüllung, wie von Gott angekündigt. Dass eine Prophetie Wirklichkeit wird, ist das Erkennungszeichen dafür, dass die Wahrheit gesprochen wurde, das ist das Unterscheidungsmerkmal zu falschen Prophetien. »Wenn der Prophet im Namen des Herrn redet, und jenes Wort geschieht nicht und trifft nicht ein, so ist es ein Wort, das der Herr nicht geredet hat [...]« (5. Buch Mose, Kapitel 18, Vers 22). Und zwei Verse davor steht die Strafandrohung für falsche Propheten im Alten Testament: »Doch der Prophet, der so vermessen ist, in meinem Namen zu reden, was ich ihm nicht zu reden geboten habe, oder der im Namen anderer Götter redet, jener Prophet soll sterben!« (5. Buch Mose, Kapitel 18, Vers 20). Im Alten Testament sind 16 Schriftpropheten aufgeführt (Jesaja, Jeremia, Hesekiel, Daniel, Hosea, Joel, Amos, Obadja, Jona, Micha, Nahum, Habakuk, Zefania, Haggai, Sacharja, Maleachi). Im Neuen Testament sind es drei: Johannes der Täufer, der Apostel Johannes und Jesus, der größte aller Propheten. Zusätzlich zu den Schrift-Propheten gibt es Männer und Frauen in der Bibel, die in bestimmten Situationen ebenfalls prophetisch reden. Die Antike kannte natürlich Mittel, mit denen versucht wurde, in die Zukunft zu sehen. Überall, in jedem Volk gab es Menschen, die Wahrsagerei oder Weissagung betrieben. Auch bei ihnen wurden die Begriffe Prophet oder Prophetie gebraucht. Aber nie wurden genaue Vorhersagen über große historische Ereignisse ausgesprochen. Außer der Bibel gibt es kein Werk, in dem Tausende Prophetien über Menschen, Städte, Völker schriftlich festgehalten werden – und erst recht nicht über Israel und vor allem nicht über einen Messias, der kommen sollte. Solche Prophetien gibt es nur in der Bibel, mit einer zusätzlichen Spezialität: Ihre Vorhersagen sind nachprüfbar genau so eingetreten, wie vorhergesagt. Bis auf jene, deren Erfüllung noch in der Zukunft liegt. Die Bibel mit Altem und Neuem Testament besteht aus ca. 31.000 Versen, etwas mehr als 6.000 Verse enthalten prophetische Angaben. Ungefähr die Hälfte hat sich bis heute exakt erfüllt – ohne Fehlerquote. Weitere 3.000 Prophetien betreffen zukünftige Ereignisse.

Eine zufällige Erfüllung von über 3.000 Prophetien ist

mathematisch gesehen unmöglich. Es gibt nur eine Erklärung dafür, dass alle Prophetien exakt und zu 100% eingetreten sind – eine übernatürliche: Gott. Er ist der Verfasser und Erfüller aller biblischen Prophetien. Und Gott ist Wahrheit. Deshalb sind die biblischen Prophetien wahr: »[...] Ja, ich habe es gesagt, ich führe es auch herbei; ich habe es geplant, und ich vollbringe es auch« (Jesaja, Kapitel 46, Vers 11).

Prophetie für Israel: der Tempel wird zerstört; Juden werden vertrieben, verfolgt, umgebracht

Zwei der heute nachprüfbaren und aktuell sichtbaren Prophetien betreffen Israel. Ihre Erfüllung lässt sich in unseren Geschichtsbüchern nachlesen.

Eine dieser Prophetien sagt die Zerstörung des Zweiten Tempels in Jerusalem voraus und die Vertreibung der Juden aus ihrem Land. Auf die Zerstörung des Tempels hat auch Jesus hingewiesen – ca. 40 Jahre vor dieser jüdischen Katastrophe: »Und Jesus trat hinaus und ging vom Tempel hinweg. Und seine Jünger kamen herzu, um ihm die Gebäude des Tempels zu zeigen. Jesus aber sprach zu ihnen: Seht ihr nicht dies alles? Wahrlich, ich sage euch: Hier wird kein Stein auf dem anderen bleiben, der nicht abgebrochen wird!« (NT, Matthäus-Evangelium, Kapitel 24, Verse 1-2).

»Und als er näher kam und die Stadt sah, weinte er über sie und sprach: Wenn doch auch du erkannt hättest, wenigstens noch an diesem deinem Tag, was zu deinem Frieden dient! Nun aber ist es vor deinen Augen verborgen. Denn es werden Tage über dich kommen, da deine Feinde einen Wall um dich aufschütten, dich ringsum einschließen und von allen Seiten bedrängen werden; und sie werden dich dem Erdboden gleichmachen, auch deine Kinder in dir, und in dir keinen Stein auf dem anderen lassen, weil du die Zeit deiner Heimsuchung nicht erkannt hast!« (NT, Lukas- Evangelium, Kapitel 19, Verse 41-44).

Der Tempel wurde im Jahre 70 n.Chr. von den Römern zerstört, genau so, wie von Jesus vorhergesagt. Ab dem Jahr 20 v.Chr. wurde er unter der Regierungszeit von Herodes dem Großen (73 v.Chr. - 4 v.Chr.) aufwändig umgebaut und war im

Jahr seiner Zerstörung wahrscheinlich noch nicht ganz fertiggestellt. Der kleinste Baustein der Tempelmauer wiegt ca. zwei Tonnen, der größte bisher gefundene ist 13,7 m lang, 3,5 m hoch, 4,5 m breit und 578 Tonnen schwer. Die riesigen, fast weißen Steinquader waren teilweise mit Gold dekoriert, der Tempelberg wurde von einer prächtigen Säulenhalle aus Marmor umrandet. Da der Tempel auf einer Anhöhe stand, war er von Weitem sichtbar. Der Tempelbezirk wurde von Herodes durch Aufschüttungen und Stützmauern auf ca. 144.000 qm erweitert und bedeckte somit ca. ein Sechstel des damaligen Stadtgebietes. Das Heiligtum der Juden war ein monumentales Bauwerk, ein architektonisches Wunder der damaligen Zeit. Aber die Uhr tickte. Und was Jesus im Jahr 30 sagte, beginnt, Wirklichkeit zu werden. »Denn es wird eine Zeit über dich kommen, da werden deine Feinde um dich einen Wall aufwerfen, dich belagern und von allen Seiten bedrängen und werden dich dem Erdboden gleichmachen samt deinen Kindern in dir und keinen Stein auf dem andern lassen in dir, weil du die Zeit nicht erkannt hast, in der du heimgesucht worden bist ...«

Im Frühjahr 70 n.Chr. begann Titus, der Sohn des damaligen römischen Kaisers Vespasian, mit fünf Legionen die Belagerung von Jerusalem. Nach gut vierzehn Tagen nahm Titus die erste Mauer von Jerusalem, fünf Tage später die zweite. Wer aus Jerusalem zu fliehen versuchte, wurde von Titus vor der Stadt gekreuzigt. Am 6. August hörte das tägliche Opfer im Tempel auf, weil es nicht mehr gelang, die Lämmer für den Opferdienst im Tempel aufzutreiben. Am 9. August des gleichen Jahres wurde der Tempel niedergebrannt – mehr als 1.200 Jahre nach der Besiedelung des Landes durch das israelische Volk, 1.000 Jahre nachdem David Jerusalem zur Hauptstadt seines Königreichs gemacht hatte. Es blieb nur die Westmauer erhalten, die heute die wichtigste Anbetungsstätte des Judentums ist. Die Zerstörung des Tempels in Jerusalem war die Antwort auf andauernde Unruhen, die vor allem durch die jüdischen Zeloten angestachelt wurden. Die Zeloten waren eine Abspaltung von den Pharisäern. Beide Gruppen erwarteten und erhofften, dass der jüdische Messias bald kommen, seine Herrschaft als König über Israel antreten und das Volk von der verhassten römischen Besatzungsmacht befreien werde. Während aber die Pharisäer die Befreiung von den Römern allein von einem Eingreifen Gottes erhofften und Gewalt ablehnten, wollten die Zeloten die messianische Zeit durch Bekämpfung der Römer mit Waffengewalt aktiv herbeiführen. Zwischen 66 und 70 verschärften sich die Spannungen immer mehr, es gab heftige Angriffe auf die römischen Besatzer und entsprechende Reaktionen. Im sogenannten Jüdischen Krieg zwischen 66 und 73 kam ca. eine Million Juden um, 100.000 gerieten in Kriegsgefangenschaft oder wurden auf die Sklavenmärkte Ägyptens verfrachtet. Durch das so entstandene Überangebot gab es für die jüdischen Gefangenen nicht genug Käufer – die exakte Erfüllung der Prophetie aus dem 5. Buch Mose im Alten Testament, Kapitel 28, Vers 68: »Und der Herr wird dich auf Schiffen nach Ägypten zurückführen, auf dem Weg, von dem ich dir gesagt habe: Du sollst ihn nie mehr wiedersehen! Und ihr werdet euch dort euren Feinden als Knechte und Mägde verkaufen wollen, und es wird doch kein Käufer da sein!« Nach einem jüdischen Aufstand im Jahr 135 (Bar-Kochba-Aufstand) wurde Judäa von den Römern endgültig zerschlagen und in Syria-Philistina umbenannt.

Der lateinische Name *Philistina* weist auf das damals bereits verschwundene Volk der Philister hin. Das waren Einwanderer, die im 12. Jahrhundert v.Chr. aus dem griechisch-ägäischen Raum, z.B. aus Kreta, gekommen waren und sich ungefähr im heutigen Gaza-Streifen niedergelassen hatten. Seit dem 7. Jahrhundert v.Chr. wird dieses Volk nicht mehr in den Geschichtsbüchern erwähnt, es ist von der Bildfläche verschwunden. Aus *Philistina* wurde im Laufe der Zeit *Palästina*. Diese Bezeichnungen hatten einen politischen (und psychologischen) Zweck: den

Namen des Landes Judäa/Israel von der Landkarte auszuradieren und die Erinnerung an seine einstmaligen Besitzer zu löschen.

Jerusalem wurde als *Aelia Capitolina* neu aufgebaut – benannt nach dem römischen Kaiser Hadrian (*Aelius* Hadrianus / 76-138) und dem römischen Gott Jupiter *Capitolinus*. Auf dem Tempelplatz wurden die römischen Götter Jupiter, Juno und Minerva verehrt.

Den Ort, an dem Gott, Jahwe, seine Herrlichkeit wohnen ließ, den Ort, wo Himmel und Erde zusammenkamen, von dem die Thora, die Weisung ausging, den Ort, an dem die Sünden vergeben und Opfer und Weihegaben dargebracht wurden, diesen Mittelpunkt des Glaubens und Lebens im Judentum gab es nicht mehr. Den Juden wurde es unter Todesstrafe verboten, Jerusalem zu betreten. Ihre mehr als 1.200 Jahre lange Souveränität über Jerusalem als Hauptstadt Israels war beendet.

Und im Jahr 135 n.Chr. geschah das, was Gott schon 1.200 Jahre zuvor durch Mose und andere Propheten verkünden ließ: Die Israeliten wurden zerstreut unter die Völker, Verfolgung und Leid begannen. Die Mehrzahl der Juden waren jetzt heimatlos Vertriebene, überall gejagt, misshandelt, ermordet. Der Antisemitismus begann. Im 5. Buch Mose heißt es: »Und ihr werdet als ein kleines Häuflein übrigbleiben, die ihr doch so zahlreich gewesen seid wie die Sterne des Himmels, weil du der Stimme des Herrn, deines Gottes, nicht gehorcht hast. Und wie der Herr sich euretwegen zuvor freute, euch Gutes zu tun und euch zu mehren, so wird der Herr sich euretwegen freuen, euch zu verderben und euch zu vertilgen, und ihr werdet herausgerissen werden aus dem Land, in das du jetzt ziehst, um es in Besitz zu nehmen. Denn der Herr wird dich unter alle Völker zerstreuen von einem Ende der Erde bis zum anderen; und du wirst dort anderen Göttern dienen, die dir und deinen Vätern unbekannt waren, [Göttern aus] Holz und Stein. Dazu wirst du unter diesen Heiden keine Ruhe haben und keine Rast finden für deine Fußsohlen; denn der

Herr wird dir dort ein bebendes Herz geben, erlöschende Augen und eine verzagende Seele. Dein Leben wird vor dir an einem Faden hängen; Tag und Nacht wirst du dich fürchten und deines Lebens nicht sicher sein. Am Morgen wirst du sagen: ›Wenn es nur schon Abend wäre!‹ Und am Abend wirst du sagen: ›Wenn es nur schon Morgen wäre!‹ – wegen der Angst, die dein Herz erschreckt, und wegen dessen, was deine Augen ansehen müssen« (5. Buch Mose, Kapitel 28, Verse 62-67). Auch im 3. Buch Mose, Kapitel 26, Verse 32-33 heißt es: »Und ich will das Land verwüsten, so dass eure Feinde, die darin wohnen werden, sich davor entsetzen sollen. Euch aber will ich unter die Heidenvölker zerstreuen und das Schwert hinter euch her ziehen, so dass euer Land zur Wüste wird und eure Städte zu Ruinen.«

Und Jesus: »Wenn ihr aber Jerusalem von Kriegsheeren belagert seht, dann erkennt, dass seine Verwüstung nahe ist. Dann fliehe auf die Berge, wer in Judäa ist; und wer in [Jerusalem] ist, der ziehe fort aus ihr; und wer auf dem Land ist, der gehe nicht hinein in sie. Denn das sind Tage der Rache, damit alles erfüllt werde, was geschrieben steht. Wehe aber den Schwangeren und den Stillenden in jenen Tagen! Denn es wird große Not im Land sein und Zorn über dieses Volk! Und sie werden fallen durch die Schärfe des Schwerts und gefangen weggeführt werden unter alle Heiden. Und Jerusalem wird zertreten werden von den Heiden, bis die Zeiten der Heiden erfüllt sind« (Lukas-Evangelium, Kapitel 21, Verse 20-24).

Die Prophetien über die Zerstreuung der Juden in alle Welt stehen in der Bibel, die Daten und Fakten der tatsächlichen Erfüllung dieser Prophetien und die damit verbundene ca. 1.800 Jahre lange jüdische Katastrophe sind in unseren Geschichtsbüchern dokumentiert. Es ist eine Leidensgeschichte wie keine zweite auf Erden, eine lange Liste der Verbrechen, verschwunden im Papierkorb der Geschichte. Alles beginnt 70 n.Chr. und dauert fast 1.900 Jahre:

1.100.000 tote Juden beim Fall Jerusalems im Jahr 70 n.Chr.
Über 500.000 Tote beim Bar-Kochba-Aufstand gegen die römische Besatzungsmacht in den Jahren 131-135 n.Chr.

1017: Papst Benedikt VIII. lässt in Rom Juden enthaupten.
1020: Papst Benedikt VIII. lässt in Rom Juden verbrennen.
1066: Massaker an Juden in Granada/Spanien.
1095: Papst Urban II. ruft am 27. November in Clermont in Südfrankreich zum ersten Kreuzzug auf, wodurch eine 200 Jahre lange Judenverfolgung eingeleitet wird.
1096-1099: Erster Kreuzzug, alle Juden in Jerusalem und Haifa werden umgebracht. Unter der Führung des Grafen von Leinigen werden in Worms, Geldern, Kerpen, Wesel, Neuss, Moers, Grevenbroich, Xanten, Bonn, Köln, Altcnahr, Mainz, Speyer, Trier und in anderen rheinischen Städten über 12.000 Juden getötet.
1096: Die Kreuzfahrer metzeln alle Juden in Prag nieder.
1099: Die Kreuzritter erobern Jerusalem und Haifa und richten ein furchtbares Gemetzel unter Juden, Moslems und sogar Christen an – ca. 70.000 Tote.
1147-1149: 2. Kreuzzug, Judenmassaker in Nordfrankreich und Würzburg.
1171: Alle Juden von Blois/Frankreich werden verbrannt.
1189-1192: 3. Kreuzzug, in England Ausrottung zahlreicher Judengemeinden.
1215: Papst Innozenz III. erzwingt auf dem 4. Lateranskonzil, dass die Juden einheitliche Kleidung tragen (Judenstern).
1221: In Erfurt wird das Judenviertel vernichtet, alle Juden werden getötet.
1241: In Frankfurt am Main wird die Synagoge geplün-

	dert und zerstört, die Thorarollen werden zerrissen, 180 Juden getötet.
1276:	Vertreibung der Juden aus Oberbayern.
1278:	300 jüdische Führer aus ganz England werden gehängt.
1285:	Alle Juden der Münchener Synagoge werden verbrannt.
1287:	Judenmassaker in Wesel, Boppard, Kobern, Kirn/Nahe, Lahnstein, Braubach/Rhein und Münstermaifeld.
1290:	Vertreibung aller Juden aus England durch Edward I.
1298:	Durch die Massaker des Ritters Rintfleisch werden 146 jüdische Gemeinden in Süddeutschland und Österreich völlig vernichtet. Über 20.000 Juden werden getötet. Hauptorte der Massaker: Nürnberg, Bamberg, Röttingen, Berching, Krautheim, Mosbach, Ochsenfurt, Würzburg, Windsheim, Rothenburg/Tauber, Neustadt/Aisch, Tauberbischofsheim, Heilbronn, Sindelfingen u. a.
1306:	Verbannung aller Juden Frankreichs durch Philipp II.
1321:	5.000 Juden werden in Südfrankreich ermordet; alle Juden der Gemeinde von Chinon werden verbrannt.
1328:	5.000 Juden werden in Navarra/Frankreich abgeschlachtet.
1348-1350:	Pestverfolgung. Ein Drittel der jüdischen Bevölkerung Europas kommt ums Leben. Eine Million Juden werden als angebliche Urheber der Pest grausam umgebracht. Die jüdischen Gemeinden in Lindau/Bodensee, Horb/Neckar, Esslingen, Reutlingen, Augsburg, Colmar und Nürnberg werden vernichtet.

1349:	Die Verfolgung der Juden wegen der Pest greift auf Breslau, Wetzlar, Mainz, Köln, Radolfzell, Würzburg, Friedrichshafen, Frankfurt/Main, Dresden, Fulda, Ravensburg, Konstanz, Speyer, Ulm, Freiburg, Straßburg und auf die Schweizer Städte Winterthur, Dießenhofen, Schaffhausen, Thurgau, Zürich, Baden, Rheinfelden, St. Gallen, Basel und Emmental/Bern über.
1349:	2.000 Juden werden in Straßburg öffentlich verbrannt.
1355:	Papst Benedikt XII. lässt die Prager Synagoge niederreißen.
1360:	Vertreibung der Juden aus Ungarn.
1391:	5.000 jüdische Familien werden in Sevilla/Spanien ausgerottet; die 23 Synagogen zerstört.
1391:	Massaker in Spanien mit 50.000 getöteten Juden
1394:	Ausweisung der Juden aus Frankreich.
1441-1456:	Vertreibung der Juden aus Augsburg, München und anderen bayerischen Orten.
1492:	Inquisition in Spanien und Portugal, Ausweisung der Juden von der Iberischen Halbinsel. Familien werden getrennt, viele sterben durch Ertränken, massive Verluste von Grund und Boden. Damit beginnt das Exil, die Juden flüchten unter anderem nach Nordafrika und Griechenland.
1494:	Abertausende von jüdischen Frauen werden durch die Hexenbulle des Papstes als Hexen verdächtigt und an vielen Orten Europas grausam umgebracht.
1496:	Durch das Dekret von Kaiser Maximilian I. werden alle Juden aus Österreich vertrieben.
1497:	Alle Juden werden aus Portugal vertrieben.
1504:	Alle führenden Juden in Moskau werden verbrannt.
1506:	2.000 Juden werden in Lissabon/Portugal erschlagen.

1614:	Das Judenviertel in Frankfurt wird völlig vernichtet.
1646:	Aufstand ukrainischer Kosaken gegen den polnischen Landadel, 100.000 Juden werden ermordet.
1648:	400.000 Juden werden in Polen durch grausame Massaker der Kosaken niedergemetzelt und ausgerottet.
1650:	200.000 Juden werden wiederum von den Kosaken in Russland niedergemetzelt und ausgerottet.
1670:	4.000 Juden werden durch Leopold I. aus Wien vertrieben.
1704:	Bis 1769 in Portugal Tausende Juden getötet.
1734:	20.000 Juden werden in Polen niedergemetzelt.
1744:	Vertreibung der Juden aus Prag.
1821:	In Odessa bricht der erste blutige Pogrom auf, der auf viele andere Städte Russlands und der Ukraine übergreift.
1826:	Letzte Hinrichtung durch die Inquisition in Spanien.
1858:	Abertausende von Juden werden durch sich oft wiederholende Pogrome in ganz Russland umgebracht.
1859:	Bis 1871 wiederholen sich die Pogrome in Odessa.
1864:	In Marokko toben heftige Judenverfolgungen.
1867:	In Rumänien setzen heftige Judenverfolgungen ein.
1867:	Das Staatsgrundgesetz in Österreich-Ungarn bringt für die Juden die volle und uneingeschränkte Gleichberechtigung.
1871:	Juden werden in Deutschland allen anderen Bürgern gesetzlich gleichgestellt.
1881:	Pogrome und Massaker an Juden nach dem Bombenattentat auf Zar Alexander II. in Russland, Flucht und Auswanderungswelle von ca. zwei Mil-

	lionen russischen Juden nach Europa und in die USA.
1881:	Grausamer Pogrom in Elisabethgrad/Ukraine und 1882 in Balta/Ukraine.
1891:	Die Juden Moskaus werden ausgewiesen und vertrieben.
1896:	Erscheinen des Romans »Der Judenstaat« von Theodor Herzl, Begründung des Zionismus.
1903:	Pogrome und Massaker an Juden in Kischinew (Moldawien), Hunderttausende fliehen in Todesangst über die Grenzen.
1905:	Schreckliche Pogrome in 700 Städten in Russland und der Ukraine.
1907:	Die *Balfour-Deklaration* verspricht den Juden eine nationale Heimstätte im Heiligen Land.
1917:	Bis 1921 werden über 30.000 jüdische Männer, Frauen und Kinder durch andauernde Pogrome in über 1.200 Orten Russlands und der Ukraine ermordet.
1919:	1.500 Juden werden bei Pogromen in Proskurow getötet.
1919:	Bis 1921 verübt die ukrainische Nationalarmee über 100 Pogrome, wobei viele Tausend Juden getötet werden.
1922:	Der deutsche Außenminister Walther Rathenau wird von Nationalisten in Berlin erschossen, weil er Jude ist.
1929:	67 Juden werden durch die Araber in Hebron/Palästina grausam ermordet, die ca. 700 Überlebenden konnten – zum Teil mithilfe ihrer arabischen Nachbarn – nur noch fliehen.
1933-1945:	Der Holocaust. In fast allen europäischen Ländern werden durch die Naziherrschaft insgesamt ca. 6

Millionen Juden umgebracht, davon 1,5 Millionen Kinder unter 14 Jahren (Endlösung der Judenfrage).

1941: Der arabische Großmufti von Jerusalem, Amin-el-Husseini, besucht Adolf Hitler in Berlin und ruft ihn zur Vernichtung des jüdischen Aufbauwerkes in Palästina auf (Endlösung der Palästinafrage).

Zwischen 1945 und 1953 werden viele Juden in der Tschechoslowakei mit den besiegten Deutschen in den Lagern gefoltert und getötet, weil sie deutschsprachig sind.

Prophetien haben sich erfüllt. Die Bibel berichtet von zwei Vertreibungen der Israeliten. Nach dem Tod Salomos zerfiel das Großreich, das sein Vater, König David, geschaffen hatte, in das Nordreich Israel und das Südreich Judäa. Das Nordreich mit zehn von zwölf israelitischen Stämmen bestand von 926 bis 722 v.Chr. In diesem Jahr wurde es vom syrischen König Salmanasser erobert. Es war das Ende der zehn Stämme. Sie wurden deportiert, in den Vorderen Orient verschleppt und verstreut. Seitdem sind sie spurlos verschollen. Das war die erste Vertreibung.

Die zweite: Das Südreich Juda wurde 587 v.Chr. von Nebukadnezar II. erobert. Der Tempel wurde geplündert und zerstört, König Zedekia und große Teile des Volkes nach Babylon verschleppt. Unter der nachfolgenden Herrschaft des Perser-Königs Kyros durfte ein Teil der judäischen Juden im Jahr 538 v.Chr. zurückkehren, Jerusalem und der Tempel wurden wieder aufgebaut. Die neue Anbetungsstätte war 516 v.Chr. fertig gestellt. Sie reichte in Größe und Pracht nicht an den ersten Tempel heran; auch das Allerheiligste war leer, da die Bundeslade bei der Zerstörung des salomonischen Tempels vermutlich verlorengegangen war.

In der Geschichte Israels und des Judentums gab es also nur *einen* Zeitpunkt, an dem der Tempel ohne Wiederaufbau zerstört blieb, nämlich das Jahr 70 n.Chr. Und nur ein Datum, an dem der allergrößte Teil des Volkes in die ganze Welt vertrieben und dort verfolgt wurde – das Jahr 135. In diesen Jahren haben sich die Prophetien von Mose und Jesus erfüllt: »Und der Herr wird euch unter die Völker zerstreuen, und es wird eine geringe Zahl von euch übrigbleiben unter den Heiden, zu denen euch der Herr hinwegtreiben wird« (5. Buch Mose, Kapitel 4, Vers 27).

»Denn der Herr wird dich unter alle Völker zerstreuen von einem Ende der Erde bis zum anderen; und du wirst dort anderen Göttern dienen, die dir und deinen Vätern unbekannt waren, [Göttern aus] Holz und Stein. Dazu wirst du unter diesen Heiden keine Ruhe haben und keine Rast finden für deine Fußsohlen ...« (5. Buch Mose, Kapitel 28, Verse 64-65).

»Und als er näher kam und die Stadt sah, weinte er über sie und sprach: Wenn doch auch du erkannt hättest, wenigstens noch an diesem deinem Tag, was zu deinem Frieden dient! Nun aber ist es vor deinen Augen verborgen. Denn es werden Tage über dich kommen, da deine Feinde einen Wall um dich aufschütten, dich ringsum einschließen und von allen Seiten bedrängen werden; und sie werden dich dem Erdboden gleichmachen, auch deine Kinder in dir, und in dir keinen Stein auf dem anderen lassen, weil du die Zeit deiner Heimsuchung nicht erkannt hast!« (Lukas- Evangelium, Kapitel 19, Verse 41-44).

Eretz Jisrael selbst, das Land Israel, ist als Staat und Heimat der Juden nach 135 n.Chr. nicht mehr existent. Es wird mehr als 1.800 Jahre lang ein von unterschiedlichen Mächten besetztes Land bleiben. [49]

Bis 313 n.Chr. war das Land unter *römischer Herrschaft*.

313-636: *Byzantinische Herrschaft*. Die Juden verloren ihre frühere Autonomie, durften keine öffentlichen Ämter mehr bekleiden und konnten Jerusalem nur noch einmal im Jahr zur Beweinung des zerstörten Tempels betreten.

636-1099: *Arabische Herrschaft* durch die Kalifen. Die Erhebung hoher Steuern auf landwirtschaftlichen Grundbesitz zwang viele Juden, ihre Dörfer zu verlassen und in die Städte zu ziehen, wo sich ihre Lage kaum verbesserte. Die immer schärfere soziale und wirtschaftliche Diskriminierung zwang viele Juden schließlich zur Auswanderung.

1099-1291: *Kreuzfahrerzeit* (Lateinisches Königreich Jerusalem). Mit dem Aufruf Papst Urbans II. (1095), das Heilige Land von den Ungläubigen zurückzuerobern, beginnt die Periode der Kreuzritter. Im Juli 1099 nahmen die Ritter des Ersten Kreuzzuges nach fünfwöchiger Belagerung Jerusalem ein. Die meisten nichtchristlichen Stadtbewohner wurden niedergemetzelt, Juden starben in ihren brennenden Synagogen oder wurden in die Sklaverei verkauft.

1291-1516: *Mameluckische Herrschaft*. Unter den Mamelucken wurde das Land Israel eine unbedeutende Provinz, die von Damaskus aus regiert wurde. Gegen Ende des Mittelalters waren die Städte verfallen, Jerusalem fast verlassen und die kleine jüdische Gemeinde bettelarm.

1517-1917: *Osmanische Herrschaft*. Nach der Eroberung durch die Osmanen im Jahr 1517 wurde das Land in vier Distrikte eingeteilt, die zur Provinz Damaskus gehörten und von Istanbul aus regiert wurden. Zu Beginn der osmanischen Zeit lebten etwa 1.000 jüdische Familien im Land, die meisten in Jerusalem, Nablus, Hebron, Gaza, Safed und den Dörfern Galiläas. Gegen Ende des 18. Jh. bestellten verarmte Pachtbauern ein von seinen abwesenden Großgrundbesitzern ausgesogenes und vergessenes

Land. Die Steuerlast war ebenso unerträglich wie willkürlich. Die großen Wälder Galiläas und des Karmel wurden abgeholzt, Sumpf und Wüste breiteten sich auf ehemaligem Ackerland aus. So lautete schon die Prophetie des Mose: »Und ich werde das Land öde machen, dass eure Feinde, die darin wohnen, sich darüber entsetzen sollen« (3. Buch Mose, Kapitel 26, Vers 32).

1918-1948: *Britische Herrschaft*. Die Vereinten Nationen übertragen Großbritannien das Mandat für Palästina (Land Israel). Auf drei Vierteln des Mandatsgebiets wird Transjordanien errichtet, das heutige Haschemitische Königreich Jordanien, so dass für die nationale jüdische Heimstätte nur noch ein Viertel des Landes (westlich des Jordans) übrig bleibt.

Auch in den Jahrhunderten, in denen ihr Land besetzt war, haben immer Juden in Israel gewohnt. Oft waren es nur ein paar Tausend. Die Juden haben somit die längste Beziehung zu Israel: Von Anfang an, seit fast 4.000 Jahren, ist Israel von Juden bewohnt. Die ersten Araber kamen erst im siebten Jahrhundert n.Chr. ins Land. Zu ihren Nachfahren gehören die heutigen Palästinenser, die jedoch nie eine eigene Identität hatten, sondern eine Gruppe innerhalb der Volksgemeinschaft der Araber sind. Für sie gibt es schon ein Land Palästina, es ist das heutige Jordanien mit ca. 70% palästinensischen Einwohnern: »Die Wahrheit ist, dass Jordanien Palästina und Palästina Jordanien ist« (König Hussein von Jordanien, 1968). Jassir Arafat, der ehemalige Führer der PLO, sagte: »Was Sie Jordanien nennen, ist in Wirklichkeit Palästina.« [50]

Heute sind Palästinenser, die im israelischen Westjordanland oder im Gazastreifen leben, in ihrem Nachbarland auf der anderen Seite des Jordan nicht sehr willkommen.

Das Westjordanland, das die Palästinenser für sich reklamieren, ist seit Tausenden von Jahren jüdisch-biblisches Kernland

(Samaria und Judäa mit den Städten Bethlehem, Hebron und natürlich Jerusalem). Nicht nur die jüdischen Könige, auch schon ihre Vorläufer, die Richter, herrschten im Westjordanland: Gideon in Ofra, Tola in Schamir, Abdon in Piraton, Ibzan in Bethlehem, Otniel in Debir. Die Propheten Amos, Jeremia, Jesaja und Hesekiel verkündeten ihre Gottesworte in Samaria und Judäa. Auch der Gaza-Streifen und die Golan-Höhen gehören zum biblischen Kernland Israels. Es wird immer Auseinandersetzungen über Besitzverhältnisse und Zukunftspläne mit den palästinensischen Bewohnern im Land, den arabischen Nachbarn und der UNO geben. Aber es geht gar nicht darum, was Menschen mit Israel vorhaben. Denn das letzte Wort hat der Eigentümer des Landes: Gott. Er sagt: »Ihr sollt das Land nicht für immer verkaufen; denn das Land gehört mir« (3. Buch Mose, Kapitel 25, Vers 23).

Propheten sagten die Zerstörung Jerusalems und die Vertreibung der Israeliten aus ihrem Land voraus. Diese Vorhersagen sind erfüllt, es ist alles exakt so geschehen wie gesagt. Es steht in den Geschichtsbüchern.

Prophetie für Israel: alles wieder zurück

Der allergrößte Teil der jüdischen Familien lebte mehr als 1.800 Jahre im Exil, zerstreut in ca. 150 Nationen. Die Juden waren ein Volk ohne Staat, ohne offiziell anerkannte Heimat, ihr Zuhause wurde von fremden Mächten beherrscht. Aber Gott hat sein Volk im Blick. Durch seine Propheten versprach er den Juden die Rückkehr in ihr Gelobtes Land. Und so kam es auch: »Es wird aber geschehen, wenn alle diese Worte über dich kommen werden, der Segen und der Fluch, die ich dir vorgelegt habe, und du es dir zu Herzen nimmst unter all den Heidenvölkern, unter die dich der Herr, dein Gott, verstoßen hat, und wenn du umkehrst zu dem Herrn, deinem Gott, und seiner Stimme gehorchst in allem, was ich dir heute gebiete, du und deine Kinder, von ganzem Herzen und von ganzer Seele, so wird der Herr, dein Gott, dein Geschick wenden und sich über dich erbarmen und wird dich wieder sammeln aus allen Völkern, wohin dich der Herr, dein Gott, zerstreut hat. Und wenn du auch bis an das Ende des Himmels verstoßen wärst, so wird dich doch der Herr, dein Gott, von dort sammeln und dich von dort holen. Und der Herr, dein Gott, wird dich in das Land zurückbringen, das deine Väter besessen haben, und du wirst es in Besitz nehmen, und er wird dir Gutes tun und dich mehren, mehr als deine Väter« (5. Mose, Kapitel 30, Verse 1-5).

»So spricht Gott, der Herr: Ich will euch aus den Völkern sammeln und euch aus den Ländern, in die ihr zerstreut worden seid, wieder zusammenbringen und euch das Land Israel wieder geben!« (Der Prophet Hesekiel, Kapitel 11, Vers 17, ca. 600 v.Chr.).

»Darum siehe, es kommen Tage, spricht der Herr, da wird

man nicht mehr sagen: ›So wahr der Herr lebt, der die Kinder Israels aus dem Land Ägypten heraufgeführt hat!‹, sondern: ›So wahr der Herr lebt, der den Samen des Hauses Israel aus dem Land des 100 Nordens heraufgeführt und wiedergebracht hat, und aus allen Ländern, wohin ich sie versprengt habe! Und sie sollen wohnen in ihrem Land«« (Der Prophet Jeremia, Kapitel 23, Verse 7-8, ca. 600 v.Chr.).

Ab Ende des 19. Jahrhunderts kamen die Juden in Wellen, den sogenannten *Alijot* (*Alijah* = Aufstieg, Aufruf), wieder ins Land – aus allen Himmelsrichtungen. *Alijah* bedeutet nach jüdischem Verständnis die Rückkehr des jüdischen Volkes aus den Ländern der Erde nach *Eretz Israel* (Land Israel), wie Gott es durch den Prophet Jesaja angekündigt hatte: »Fürchte dich nicht, denn ich bin bei dir. Ich will deinen Samen vom Osten herführen und dich vom Westen her sammeln. Ich will zum Norden sagen: Gib heraus! und zum Süden: Halte nicht zurück! Bringe meine Söhne aus der Ferne herbei und meine Töchter vom Ende der Welt« (Der Prophet Jesaja, Kapitel 43, Verse 5-6, ca. 700 v.Chr.).

In der *ersten Alijah* (1882-1903) kamen 20.000-30.000 Einwanderer, hauptsächlich aus Osteuropa. Diese Gruppen gründeten die ersten landwirtschaftlichen Siedlungen.
Zweite Alijah (1904-1914): ca. 40.000 Einwanderer, vor allem aus Russland und Polen. 1909 wird Tel-Aviv gegründet.
Dritte Alijah (1919-1923): 35.000 Einwanderer, die meisten aus Russland, aber auch aus Polen, Litauen, Rumänien und anderen osteuropäischen Ländern. Achthundert Einwanderer stammten aus West- und Mitteleuropa.
Vierte Alijah (1924-1931): etwa 80.000 Einwanderer, vor allem aus Polen.
Fünfte Alijah (1932-1939): großer Zustrom nach der Machtübernahme Hitlers mit etwa 250.000 Einwanderern, ca. 25% aus

Deutschland und Österreich. Vor Ausbruch des Zweiten Weltkriegs lebten 470.000 Juden im Land.

Hapalah (geheime, illegale Einwanderung 1939-1947): Trotz starker Restriktionen der britischen Regierung kamen 115.000 Juden ins Land. Ab 1948 verstärkt sich die »Sammlung der Zerstreuten«.

1948: Jüdische Einwanderung aus arabischen Ländern (Ägypten, Irak, Jemen), Polen und Rumänien (etwa 690.000 Einwanderer).

1955-1957: aus Marokko, Algerien, Tunesien und Libyen (etwa 100.000 Einwanderer).

1984-1985: Die *Operation Moses* (*Miwtza Mosche*) bringt etwa 10.000 äthiopische Juden nach Israel.

1989: Beginn der Masseneinwanderung aus Sowjetunion/GUS (bis 1995 etwa 600.000).

1991: Die *Operation Salomon* bringt weitere Juden aus Äthiopien, wörtlich von »Norden« (Russland), »Osten« (Irak), »Westen« (Nordafrika) und »Süden« (Ägypten, Äthiopien).

Und so ging es weiter; in mehr oder weniger großer Zahl kommen bis heute jedes Jahr Juden aus allen Ländern zurück nach Israel. Der historische Wendepunkt im Schicksal der weltweit zerstreuten und verfolgten Juden – und damit Start für die Erfüllung der biblischen Prophetie – war der 14. Mai 1948. An diesem Tag entstand durch die Proklamation David Ben Gurions der Staat Israel. Etwa 800.000 Juden lebten 1948 in Israel, in einem Land, das nur knapp ein Viertel der Fläche hat, die ursprünglich von der UN zugesagt wurde und ungefähr dem biblischen Israel entsprochen hätte.

In der Geschichte der Menschheit ist es ein einzigartiger Vorgang: Nach mehr als 1.800 Jahren beginnt ein Volk, gegen alle Widerstände wieder in sein angestammtes Land und seine Heimat einzuwandern, gibt sich eine demokratische Verfassung, eine Regierung und ein geordnetes Sozialsystem – drei Jahre nach dem Ende der Judenvernichtung im Zweiten Weltkrieg, 1.878 Jahre nach der Zerstörung des Zweiten Tempels in Jerusalem, 1.813 Jahre nach der Vertreibung der Juden aus ihrem Land und der Auslöschung des Namens Israel und 1.948 Jahre nach der Geburt des Messias/Christus in Bethlehem.

Doch diese physische Rückkehr nach *Eretz Israel* ist nur der Beginn der Erfüllung der biblischen Prophetien über Israel. Denn sie sagen auch, dass irgendwann alle Juden nach Israel kommen werden. Kein Einziger wird dann noch außerhalb Israels leben. Und alle Juden im Land Israel werden dann – im Gegensatz zu heute – Jesus als den Messias, den Erlöser, erkennen und anerkennen. Das gesamte jüdische Volk wird dann im Land Israel zum ersten Mal wirklich das Volk Gottes sein. Es wird ein Tag des rettenden Glaubens und der nationalen Erlösung des Volkes Israel kommen. Der Prophet Jeremia prophezeit: »[...] und ich will ihnen ein Herz geben, dass sie mich erkennen sollen, dass ich der HERR bin; und sie sollen mein Volk sein und ich will ihr Gott sein; denn sie werden sich von ganzem Herzen zu mir bekehren« (Jeremia, Kapitel 24, Vers 7). Das wird auch durch den Propheten Hesekiel vorausgesagt: »Darum, so spricht Gott, der Herr: Jetzt will ich das Geschick Jakobs wenden und mich über das ganze Haus Israel erbarmen und für meinen heiligen Namen eifern. Und sie werden die Verantwortung für ihre Schmach und ihre Treulosigkeit, womit sie sich gegen mich vergangen haben, auf sich nehmen, wenn sie sicher in ihrem Land wohnen und niemand sie aufschreckt, wenn ich sie aus den Völkern zurückgebracht und aus den Ländern ihrer Feinde gesammelt und mich an ihnen heilig erwiesen habe vor den Augen der vielen Heidenvölker. Daran sollen sie erkennen, dass ich, der Herr, ihr Gott bin, weil ich sie unter die Heidenvölker in die Gefangenschaft führen ließ und sie nun wieder in ihr Land versammle und keinen von ihnen mehr dort zurücklasse. Und ich will künftig mein

Angesicht nicht mehr vor ihnen verbergen, weil ich meinen Geist über das Haus Israel ausgegossen habe, spricht Gott, der Herr« (Hesekiel, Kapitel 39, Verse 25-29).

Aber bis dahin warten noch dramatische Entwicklungen auf Israel. Heute leben 5,5 Millionen Juden im Land, bei einer Gesamtbevölkerung von 7,2 Millionen. Israel wird immer wieder bedroht und angegriffen von innen und außen: durch Terrorismus und konventionelle militärische Angriffe.

Doch es wird noch übler kommen. Die Weissagung durch den Propheten Sacharja, ca. 500 v.Chr.: »[...] und alle Heidenvölker der Erde werden sich gegen es versammeln.« Sacharja weist auf eine sehr schwere Zukunft für Israel hin. Andere Propheten sagen das Gleiche. Aber trotz allem gilt auch, was im Brief des Apostels Paulus an die Römer steht: »Ich frage nun: Hat Gott etwa sein Volk verstoßen? Das sei ferne! Denn auch ich bin ein Israelit, aus dem Samen Abrahams, aus dem Stamm Benjamin. Gott hat sein Volk nicht verstoßen, das er zuvor ersehen hat!« (Römerbrief, Kapitel 11, Verse 1-2).

Man darf die Glaubwürdigkeit der Bibel auch daran prüfen, ob Prophetien in Erfüllung gegangen sind. Und zwar nicht nur größtenteils oder mehr oder weniger, sondern nach dem eigenen Kriterium der Bibel: Die exakte Erfüllung jeder Prophetie ist Maßstab, nichts weniger. Grundsätzlich gibt es in der Bibel also zwei Arten von Prophetien: solche, die schon in Erfüllung gegangen sind, und solche, die noch Wirklichkeit werden. Von den vielen Prophetien über Israel ist der größte Teil schon eingetreten. Mit der Zerstörung des Herodianischen Tempels im Jahr 70 n.Chr. bzw. der Zerstreuung der Juden in alle Welt im Jahr 135 n.Chr. sowie der Staatsgründung Israels 1948 sind Prophetien zu Tatsachen geworden, die in den Geschichtsbüchern stehen. Wenn also unter anderem auch erfüllte Prophetien ein Maßstab für die Glaubwürdigkeit der Bibel sind, dann muss man zur Kenntnis nehmen, dass die Bibel auch in dieser Hinsicht vertrauenswürdig ist. Der Gott der Bibel sagt es ja selbst: »Ich verkündige von Anfang an das Ende, und von der Vorzeit her, was noch nicht geschehen ist. Ich sage: Mein Ratschluß soll zustandekommen, und alles, was mir gefällt, werde ich vollbringen« (gesprochen durch den Propheten Jesaja, Kapitel 46, Vers 10, ca. 700 v.Chr.)

Das gilt auch für die riskanteste Prophetie aller Zeiten: die über Jesus.

Die unglaublichste Prophetie überhaupt

Jesus Christus ist das zentrale Thema der Bibel und der Mittelpunkt des Glaubens. So, wie die Bibel – und zwar Altes und Neues Testament – ihn beschreibt, ist er einzigartig in der Schöpfung: Er hat die Welt erschaffen. Er hat Macht über die Schöpfung – über Tod und Krankheit, aber auch über die Natur. Jesus ist auch einzigartig unter den Menschen: Niemand kam in die Welt wie Jesus. Er wird Mensch und bleibt doch Gott. Als Mensch vertritt er die Menschen vor Gott, als Gott vertritt er Gott vor den Menschen. Und vor allem: Er ist der Messias, der Christus, der Erlöser. Was ist damit gemeint? »Nach den Worten des Alten Testaments hat Gott den Menschen nach seinem Ebenbild geschaffen zu einer engen, liebenden und gehorsamen Gemeinschaft mit ihm. Der Mensch aber hat sich aufgelehnt, er hat seinen eigenen Weg statt den Weg Gottes gewählt – und wählt ihn noch. Die Bezeichnung für diese Auflehnung ist ›Sünde‹, und die Strafe für die Sünde ist der Tod – nicht das Aufhören des Lebens, sondern die ewige Trennung von Gott. Gott aber, der ebenso barmherzig wie gerecht ist, will den Menschen vor dem Schicksal, das er verdient hat, bewahren. Aus diesem Grund hat er einen Menschen, Avraham (Abraham), erwählt, und durch ihn ein Volk, die Juden, herausgerufen, das den Auftrag hat, ›ein Segen‹ und ›ein Licht der Völker‹ zu sein. Durch Mosche (Mose) gab er ihnen eine *Torah* (Altes Testament), in der er seine Richtschnur für einen rechtschaffenen Lebenswandel offenbarte. Durch die Richter, Könige und Propheten ermutigte er sie, rief sie zur Ordnung und verhieß ihnen, dass sie und die übrigen Völker durch einen ›Gesalbten‹ (hebräisch *Maschiach*, deutsch ›Messias‹, was dasselbe bedeutet wie das griechische *Christos*,

deutsch ›Christus‹) die endgültige Erlösung erlangen würden. [...]
Der biblische Erlösungsbegriff zielt sowohl auf den Einzelnen wie auf die ganze Gemeinschaft. Insofern bringen die *Tenach* (Schriften des Alten Testaments) und das Neue Testament also die ganze Bandbreite des menschlichen Lebens zur Sprache – Familie, Beziehungen zwischen Arbeitnehmern und Arbeitgebern, soziale Fragen, Handel und Landwirtschaft, Umwelt, Volkszugehörigkeit, Politik, Gerechtigkeit, zwischenmenschliche Beziehungen, Gottesdienst, Gebet, körperliche Gesundheit, psychisches Wohlbefinden und das geistliche Leben des Einzelnen. Wenn wir uns in allen diesen Bereichen, so die Bibel, auf das Angebot Gottes einlassen, wird seine Erlösung alle unsere Lebensbereiche durchdringen – unser individuelles Leben, das gesellschaftliche Zusammenleben, unser Gemeinwesen, die Völker der Welt, den ganzen Kosmos.« [51]

Der Glaube an Jesus, den Christus (der Gesalbte/Erlöser), ist der zentrale Aufruf der Bibel an jeden Menschen. Biblisch gesehen bedeutet *Glaube* bzw. *glauben* nicht, die Möglichkeit in Betracht zu ziehen, dass etwas vielleicht ist oder eventuell geschehen wird. Sondern unter Glaube versteht die Bibel das Vertrauen auf zuverlässige Aussagen oder auf eine zuverlässige Person. Wenn die Glaubwürdigkeit der Bibel auch von der Zuverlässigkeit ihrer Prophetien abhängt, dann spielen die Vorhersagen über die zentrale Person der Bibel auch die zentrale Rolle. Wenn die Prophetien über Jesus stimmen, dann unterstützt auch das die Glaubwürdigkeit der Bibel und vor allem die tatsächliche Existenz von Jesus als Mensch und Gott. Er ist der Christus, der Erlöser, der nach biblischen Aussagen die Menschheit zurückbringt in das ewige Leben mit Gott. Die Prophetien über die Geburt Jesu und sein dreieinhalb-jähriges Wirken auf der Erde sind im Alten Testament der Bibel niedergeschrieben. Sie wurden von unterschiedlichsten Autoren verfasst, in einem Zeitraum zwischen dem Jahr 1200 und 500 vor Jesu Geburt. Das

Alte Testament selbst war ca. 400 Jahre vor Jesu Geburt in seiner ursprünglichen hebräischen Sprache fertiggestellt. Seit mehr als 200 Jahren vor Jesu Geburt lag es auch in griechischer Sprache vor. Griechisch war in jener Zeit die Weltsprache, so wie es heute Englisch ist. Die Vorhersagen standen also schon seit Jahrhunderten im Alten Testament, bevor die Person, um die es ging, in Erscheinung trat.

Im Alten Testament gibt es ca. 600 Prophetien über Jesus und sein Leben auf der Erde. Darunter ca. 50 Kern-Prophetien mit sehr konkreten Aussagen, zum Beispiel über den Geburtsort von Jesus. Ein weiterer Teil der 600 Prophetien sind umschreibende, indirekte Hinweise, die auf Jesus hingedeutet werden, sowie solche, die das zukünftige, sogenannte zweite Kommen von Jesus betreffen. In den vier Evangelien von Matthäus, Markus, Lukas und Johannes, aber auch in anderen Schriften des Neuen Testaments wird über das Leben und Wirken von Jesus berichtet. Hier sind die Aussagen von Menschen niedergeschrieben, die eng mit Jesus verbunden waren, und solchen, die mit diesen Jüngern Kontakt hatten. Die Schriften und Erzählungen konnten also anhand eigener Erfahrung und Kenntnis geprüft werden. Unsinn oder dreiste Lügen zu verbreiten, hätte die biblischen Berichterstatter und ihre Berichte komplett unglaubwürdig gemacht. Außerdem: Worin soll der Sinn von Unwahrheiten liegen, wenn sie jederzeit aufgedeckt werden können? Die Schreiber der Evangelien und der anderen Berichte im Neuen Testament haben immer wieder auf den Kenntnisstand ihrer Zuhörer und Leser hingewiesen. In ihren Berichten sagen sie oft: »Ihr wisst ja selbst um diese Dinge« oder »Ihr habt sie gesehen«, »Sie sind euch bekannt.«

Die Evangelien-Schreiber traten nicht auf und sagten: Wir wissen etwas, was ihr nicht wisst. Sondern sie erzählten durchaus etwas Bekanntes, das aber wegen seiner existenziellen Wichtigkeit unbedingt vervielfältigt und verbreitet werden musste. Viele hatten also von Jesus und seinen Taten gehört. In der Bibel ist aber auch von einem die Rede, der das Ganze zur Sicherheit noch mal schriftlich haben wollte: Theophilus, ein hochrangiger, gebildeter Bürger der Weltmacht Rom. Er kannte die wesentlichen Botschaften von Jesus, bat aber um mehr Informationen bzw. um eine Bestätigung aus zuverlässiger Quelle. Als Antwort schrieb ihm ein gewisser Lukas zwei Berichte. Lukas war Christ, Arzt und ebenfalls Bürger des römischen Reiches. Seine zwei Berichte wurden in die Bibel aufgenommen: der erste als Evangelium des Lukas, der zweite ist die Apostelgeschichte mit Informationen über die Missionsreisen der Apostel. Lukas war zeitweilig dabei – als Begleiter des Apostels Paulus. Theophilus bekam also eine Schilderung des Wirkens Jesu und der späteren Ereignisse aus erster Hand. Geschrieben wurden die beiden Berichte ungefähr in den Jahren zwischen 60 und 64 n.Chr. Lukas schreibt Theophilus in den ersten Zeilen seines Evangeliums: »Nachdem nun viele es unternahmen, eine Erzählung der Reihe nach wiederzugeben über die Ereignisse und Angelegenheiten, die unter uns zur Erfüllung gekommen sind, so wie es uns die überlieferten, die von Anfang an Augenzeugen und verantwortliche Diener des Wortes wurden, schien es auch mir angebracht, nachdem ich allem von Grund auf und von Anfang an mit Sorgfalt nachgegangen war, es für dich, vornehmster Theophilus, in geordneter Reihenfolge zu schreiben, damit du die Zuverlässigkeit der Worte erkennst, über die du unterwiesen worden bist« (Lukas-Evangelium, Kapitel 1, Verse 1-4 / Herbert Jantzen, Das Neue Testament in deutscher Fassung). Das auffallende Stichwort ist »Augenzeuge«. Darauf legt auch der Apostel Johannes in seinem Evangelium Wert: »Und der das gesehen hat, der hat es bezeugt, und sein Zeugnis ist wahr, und er weiß, dass er die Wahrheit sagt, damit ihr glaubt« (Johannes- Evangelium, Kapitel 19, Vers 35).

»Was von Anfang war, was wir gehört haben, was wir mit

unseren Augen gesehen haben, was wir angeschaut und was unsere Hände betastet haben vom Wort des Lebens – und das Leben ist erschienen, und wir haben gesehen und bezeugen und verkündigen euch das ewige Leben, das bei dem Vater war und uns erschienen ist –, was wir gesehen und gehört haben, das verkündigen wir euch, damit auch ihr Gemeinschaft mit uns habt; und unsere Gemeinschaft ist mit dem Vater und mit seinem Sohn Jesus Christus. Und dies schreiben wir euch, damit eure Freude vollkommen sei« (1. Brief des Johannes, Kapitel 1, Verse 1-4). Auch der Fischereiunternehmer und spätere Apostel Petrus betont, dass er kein Anglerlatein über Jesus erzählt: »Denn wir sind nicht klug ersonnenen Legenden gefolgt, als wir euch die Macht und Wiederkunft unseres Herrn Jesus Christus wissen ließen, sondern wir sind Augenzeugen seiner herrlichen Majestät gewesen« (2. Brief des Petrus, Kapitel 1, Vers 16).

In seinem Evangelium unterrichtet also der Arzt Lukas, ein wissenschaftlich gebildeter Gelehrter und Römer, einen anderen gebildeten römischen Bürger namens Theophilus über Geburt, Leben, Tod und Auferstehung von Jesus. Dabei erweist sich Lukas auch als exzellenter Historiker, der detaillierte Angaben zu den politischen Herrschaftsverhältnissen zur Zeit Jesu lieferte. Natürlich haben Altertumswissenschaftler diese Angaben überprüft. Sie sind korrekt.

Auch Theophilus muss von der Glaubwürdigkeit der Berichte überzeugt gewesen sein. Er finanzierte die Abschriften und dadurch ihre Vervielfältigung und trug so zur Verbreitung von zwei wichtigen Schriften des Neuen Testaments bei. Doch vor allem die religiöse Elite, die Pharisäer, waren über Jesus gut informiert. Ihre Vertreter beobachteten ihn zuerst sehr genau und haben ihn dann immer wieder zur Rede gestellt. Denn Jesus lehrte öffentlich Dinge, die für sie alarmierend waren: Jesus gab zu verstehen, dass er der Messias und damit Gott ist. Und zu allem Überfluss tat er auch noch Wunder, die nur der Messias tun kann. Die Juden erwarteten zwar einen Messias, aber sie stellten sich einen menschlichen, dynamischen, politischen Führer mit Pracht und Macht vor, einen starken jüdischen König, der das tut, was ein Messias tun soll: sich in Jerusalem auf den Thron setzen, die römische Besatzungsmacht aus dem Land jagen, alle Juden in Israel vereinigen und zuerst seinem Land und dann der Welt Frieden bringen. Aber dieser Jesus war komplett anders: ein Unbekannter aus der Provinz, ohne politische Ambitionen, ohne Führungsanspruch, ohne Absicht, gegen die Römer vorzugehen. Dafür lehrte dieser Niemand provozierende Dinge: Er stellte die Jahrhunderte lang mündlich weitergegebenen und verbindlichen jüdischen Religionsgesetze und Lehrmeinungen, die *Mischna*, infrage. »Ihr habt gehört, dass ...«, sagte er den Juden und dann gleich, »ich aber sage euch ...« Jesus lehrte mit absoluter Autorität. »Und es geschah, als Jesus diese Worte beendet hatte, erstaunte die Volksmenge über seine Lehre, denn er lehrte sie wie einer, der Vollmacht hat, und nicht wie die Schriftgelehrten« (Matthäus-Evangelium, Kapitel 7, Verse 28-29). Und deshalb hatten diese Schriftgelehrten und die Pharisäer ein ganz großes Problem mit Jesus.

Ob die Prophetien über Jesus, den Messias und Sohn Gottes, eingetreten sind, ob er wirklich das war (und ist), was er von sich behauptete, sollte also in den neutestamentlichen Berichten der direkt Beteiligten und gut Informierten nachzulesen sein. Und wieder reicht es nicht, dass ein paar Prophetien mehr oder weniger zutreffen. Es geht auch hier nach biblischen Maßstäben: Alle Prophetien müssen Wirklichkeit werden, jede davon in jedem Punkt, in jeder Kleinigkeit, ohne Abstriche.

Die folgenden Prophetien über Jesus gehören zu den über 50 konkreten Aussagen über sein Leben zwischen Geburt und Auferstehung. Sie stehen alle im Alten Testament und wurden zwischen 500 und 1.200 Jahren vor den Berichten des Neuen Testaments verfasst. Viele Hundert Jahre vor den tatsächlichen

Ereignissen um Jesus waren die Prophetien schon schriftlich fixiert und wurden nachweislich nie mehr verändert.

• *Prophetie:* Jesus, der Messias, wird in Bethlehem zur Welt kommen.

Die *Vorhersage* stammt vom Propheten Micha, ca. 700 Jahre vor Jesu Geburt: »Und du, Bethlehem-Ephrata, du bist zwar gering unter den Hauptorten von Juda; aber aus dir soll mir hervorkommen, der Herrscher über Israel werden soll, dessen Hervorgehen von Anfang, von den Tagen der Ewigkeit her gewesen ist« (AT/ Micha, Kapitel 5, Vers 1).

Die *Bestätigung* im Neuen Testament bei Matthäus und Lukas: »Als nun Jesus geboren war in Bethlehem in Judäa, in den Tagen des Königs Herodes [...]« (Matthäus-Evangelium, Kapitel 2, Vers 1).
»Es begab sich aber in jenen Tagen, dass ein Befehl ausging von dem Kaiser Augustus, dass der ganze Erdkreis sich erfassen lassen sollte. Diese Erfassung war die erste und geschah, als Kyrenius Statthalter in Syrien war. Und es zogen alle aus, um sich erfassen zu lassen, jeder in seine eigene Stadt. Es ging aber auch Joseph von Galiläa, aus der Stadt Nazareth, hinauf nach Judäa in die Stadt Davids, die Bethlehem heißt, weil er aus dem Haus und Geschlecht Davids war, um sich erfassen zu lassen mit Maria, seiner ihm angetrauten Frau, die schwanger war. Es geschah aber, während sie dort waren, da erfüllten sich die Tage, dass sie gebären sollte. Und sie gebar ihren Sohn, den Erstgeborenen, und wickelte ihn in Windeln und legte ihn in die Krippe, weil für sie kein Raum war in der Herberge« (Lukas-Evangelium, Kapitel 2, Verse 1-7).
Bethlehem (hebräisch *Beht-Lechem*, auch *Efrata* genannt) war der Geburtsort des jüdischen Königs David (um 1.000 v.Chr., die älteste außerbiblische Erwähnung Davids ist auf einer Inschrift

aus dem Jahr 840 v.Chr. erhalten). Bethlehem liegt 10 km südlich von Jerusalem, hat heute ca. 30.000 Einwohner und gehört zu den Palästinensischen Autonomiegebieten. Nicht alle Juden zur Zeit Jesu wussten, dass er in Bethlehem geboren worden war. Sie kannten ihn als Jesus von Nazareth und bezweifelten deshalb, dass er der Messias sei. Denn: «Sagt nicht die Schrift, dass der Christus aus dem Samen Davids kommt und aus dem Dorf Bethlehem, wo David war?« (Johannes-Evangelium, Kapitel 7, Vers 42). Ein Jesus aus Nazareth kann nicht der Messias sein, denn der wird in Bethlehem geboren. Ihnen war gar nicht klar, dass es genau so war. Auch König Herodes der Große war nicht im Bilde. Als ihn die *Weisen aus dem Morgenland* (genauer Astronomen/Astrologen aus Babylon) nach dem Geburtsort des neugeborenen Königs der Juden fragten, hatte er keine Ahnung und gab die Frage an seine Schriftgelehrten weiter. Im Evangelium des Matthäus heißt es: »Als nun Jesus geboren war in Bethlehem in Judäa, in den Tagen des Königs Herodes, siehe, da kamen Weise aus dem Morgenland nach Jerusalem, die sprachen: Wo ist der neugeborene König der Juden? Denn wir haben seinen Stern im Morgenland gesehen und sind gekommen, um ihn anzubeten! Als das der König Herodes hörte, erschrak er, und ganz Jerusalem mit ihm. Und er rief alle obersten Priester und Schriftgelehrten des Volkes zusammen und erfragte von ihnen, wo der Christus geboren werden sollte. Sie aber sagten ihm: In Bethlehem in Judäa; denn so steht es geschrieben durch den Propheten: Und du, Bethlehem im Land Juda, bist keineswegs die geringste unter den Fürstenstädten Judas; denn aus dir wird ein Herrscher hervorgehen, der mein Volk Israel weiden soll« (Matthäus-Evangelium, Kapitel 2, Verse 1-6).

Was das Geburtsjahr von Jesus betrifft, muss gesagt werden, dass sich auch die Geistlichkeit mal irren kann: Der Mönch Dionysius Exiguus berechnete im Jahr 525 im Auftrag von Papst Johannes I. die Daten für die Osterfeiertage neu, weil diese nur bis zum Jahr 531 reichten. Dabei wurde auch die Geburt von Jesus der neue Bezugspunkt für die Zeitrechnung. Bis dahin begann sie mit dem Amtsantritt von Kaiser Diokletian im christlichen Jahr 284, der war aber ein gottloser Christenverfolger. Dionysius meinte, dass es besser sei, den Verlauf der Jahre nach der Menschwerdung Christi zu bezeichnen als nach einem Mann, der eher ein Tyrann als ein Kaiser war. Doch bei seiner neuen christlichen Chronologie ist Dionysius ein Fehler unterlaufen – er verrechnete sich um sieben Jahre, vor allem, weil er teilweise auf Schätzungen angewiesen war. Es ist heute historisch und astronomisch gesichert, dass Jesus sieben Jahre früher zur Welt kam, als Dionysius festlegte. Jesus Christus ist also im Jahr 7 »vor Christus« geboren. Die christliche Zeitrechnung hat sich seit der Zeit Karls des Großen (768-814 n.Chr.) in der ganzen Kirche durchgesetzt.

Die Prophetie, dass Jesus in Bethlehem zur Welt kommen werde, ist also eingetroffen.

• *Prophetie:* die Jungfrauengeburt

Vorhersage des Propheten Jesaja, ca. 700 v.Chr.: »Darum wird euch der Herr selbst ein Zeichen geben: Siehe, die Jungfrau wird schwanger werden und einen Sohn gebären und wird ihm den Namen Immanuel geben« (Jesaja, Kapitel 7, Vers 14).

Die *Bestätigung* im Neuen Testament bei Matthäus: »Die Geburt Jesu Christi aber geschah auf diese Weise: Als nämlich seine Mutter Maria mit Joseph verlobt war, noch ehe sie zusammengekommen waren, erwies es sich, dass sie vom Heiligen Geist schwanger geworden war. Aber Joseph, ihr Mann, der gerecht war und sie doch nicht der öffentlichen Schande preisgeben wollte, gedachte sie heimlich zu entlassen. Während er aber dies im Sinn hatte, siehe, da erschien ihm ein Engel des Herrn im Traum, der sprach: Joseph, Sohn Davids, scheue dich nicht, Maria, deine Frau, zu dir zu nehmen; denn was in ihr gezeugt ist, das ist vom Heiligen Geist. Sie wird aber einen Sohn gebären, und du sollst ihm den Namen Jesus geben, denn er wird sein Volk erretten von ihren Sünden. Dies alles aber ist geschehen, damit erfüllt würde, was der Herr durch den Propheten geredet hat, der spricht: Siehe, die Jungfrau wird schwanger werden und einen Sohn gebären und sie werden ihm den Namen Immanuel geben, das heißt übersetzt: Gott mit uns« (Matthäus-Evangelium, Kapitel 1, Verse 18-25).

Und bei Lukas: »Im sechsten Monat aber wurde der Engel Gabriel von Gott in eine Stadt Galiläas namens Nazareth gesandt, zu einer Jungfrau, die verlobt war mit einem Mann namens Joseph, aus dem Haus Davids; und der Name der Jungfrau war Maria. Und der Engel kam zu ihr herein und sprach: Sei gegrüßt, du Begnadigte! Der Herr ist mit dir, du Gesegnete unter den Frauen! Als sie ihn aber sah, erschrak sie über sein Wort und dachte darüber nach, was das für ein Gruß sei. Und der Engel sprach zu ihr: Fürchte dich nicht, Maria! Denn du hast Gnade bei Gott gefunden. Und siehe, du wirst schwanger werden und einen Sohn gebären; und du sollst ihm den Namen Jesus geben. Dieser wird groß sein und Sohn des Höchsten genannt werden; und Gott der Herr wird ihm den Thron seines Vaters David geben; und er wird regieren über das Haus Jakobs in Ewigkeit, und sein Reich wird kein Ende haben. Maria aber sprach zu dem Engel: Wie kann das sein, da ich von keinem Mann weiß? Und der Engel antwortete und sprach zu ihr: Der Heilige Geist wird über dich kommen, und die Kraft des Höchsten wird dich überschatten. Darum wird auch das Heilige, das geboren wird, Gottes Sohn genannt werden« (Lukas-Evangelium, Kapitel 1, Verse 26-35).

Das ist eine Geschichte, bei der nicht-gläubige Leser natürlich den Kopf schütteln. An eine Jungfrauengeburt glauben zu sollen, wird als Beleidigung des gesunden Menschenverstands gewertet.

Stilistisch ist dieser Bericht sehr nüchtern, knapp und informativ gehalten. Er klingt wie die Feststellung einer Tatsache. Aber der Inhalt ist das Problem: Eine Jungfrau wird schwanger. Ein gläubiger Mensch wird sagen: Typisch Gott! Er, der Himmel und Erde und den Menschen erschaffen hat, ist nicht an Naturgesetze und die normalen biologischen Vorgänge beim Menschen gebunden. Er ist der allmächtige Gott, der sich immer wieder die Freiheit nimmt, in die von ihm selbst geschaffenen Gesetzmäßigkeiten einzugreifen, wenn er Zeichen setzen und Weichen stellen will. Autor der Prophetien des Alten Testaments über Jesus, den Messias/Gesalbten, ist Gott. Und was Gott sagt, geschieht. Manchmal sofort, manchmal Jahrhunderte oder Jahrtausende später. Aber Maria ist irritiert. Sie ist mit Joseph verlobt, beide leben noch getrennt im jeweiligen Elternhaus. Das jüdisch-religiöse Gesetz sagt, dass vorehelicher Geschlechtsverkehr absolut verboten ist. Sollte es trotzdem vorkommen, droht die Steinigung. Maria möchte kein Gesetz brechen und fragt also, wie das mit der Schwangerschaft gehen soll. Antwort: Der Heilige Geist wird über dich kommen, und die Kraft des Höchsten wird dich überschatten. Darum wird auch das Heilige, das geboren wird, Gottes Sohn genannt werden. Bei Maria setzt Gott eins seiner übernatürlichen Zeichen und erfüllt seine eigene Prophetie. So kommt durch Maria Gott zum ersten und einzigen Mal als Mensch in die Welt – als Sohn Gottes, d.h. als die zweite Person des dreieinigen Gottes (Vater, Sohn und Heiliger Geist). Gott wird in Jesus Mensch und bleibt doch Gott – das, was er schon immer war. Deshalb ist Maria nicht Mutter Gottes, sondern Mutter des Menschen Jesus, der schon Gott war, bevor es Menschen gab.

Von der Jungfrauengeburt überzeugt zu sein, gehört zu den grundsätzlichen Glaubensinhalten eines Christen. Es ist ein Trost und eine Hilfe für jeden Gläubigen, wenn er weiß, dass Gott übernatürlich eingreifen kann.Christen sind Menschen, die in ihrem eigenen Leben erfahren, dass er es auch tatsächlich tut.

• *Prophetie:* Jesus wird einen Vorgänger haben, der ihn ankündigt.

Vorhersage des Propheten Jesaja (ca. 700 v.Chr.): »Die Stimme eines Rufenden [ertönt]: In der Wüste bereitet den Weg des Herrn, ebnet in der Steppe eine Straße unserem Gott!« (Kapitel 40, Vers 3).
   Der Prophet Maleachi (ca. 500 v.Chr.): »Siehe, ich sende meinen Boten, der vor mir her den Weg bereiten soll; und plötzlich wird zu seinem Tempel kommen der Herr, den ihr sucht; und der Bote des Bundes, den ihr begehrt, siehe, er kommt!, spricht der Herr der Heerscharen« (Kapitel 3, Vers 1).

Die *Bestätigung* im Neuen Testament bei Matthäus und Lukas: »In jenen Tagen aber erscheint Johannes der Täufer und verkündigt in der Wüste von Judäa und spricht: Tut Buße, denn das Reich der Himmel ist nahe herbeigekommen! Das ist der, von welchem geredet wurde durch den Propheten Jesaja, der spricht: ›Die Stimme eines Rufenden [ertönt] in der Wüste: Bereitet den Weg des Herrn, macht seine Pfade eben!‹« (Matthäus-Evangelium, Kapitel 3, Verse 1-3).
   »Aber im fünfzehnten Jahr der Regierung des Kaisers Tiberius, als Pontius Pilatus Statthalter von Judäa war und Herodes Vierfürst von Galiläa, sein Bruder Philippus aber Vierfürst von Ituräa und dem Gebiet von Trachonitis, und Lysanias Vierfürst von Abilene, unter den Hohenpriestern Hannas und Kajaphas, da erging das Wort Gottes an Johannes, den Sohn des Zacharias, in der Wüste. Und er kam in die ganze Umgegend des Jordan und verkündigte eine Taufe der Buße zur Vergebung der Sünden, wie geschrieben steht im Buch der Worte des Propheten Jesaja, der spricht: ›Die Stimme eines Rufenden [ertönt] in der Wüste:

Bereitet den Weg des Herrn, macht seine Pfade eben!«« (Lukas-Evangelium, Kapitel 3, Verse 1-4).

Lukas nennt wieder konkrete Daten zu den politischen und religiösen Verhältnissen zur Zeit Jesu. Sir William Ramsay, einer der größten Archäologen aller Zeiten und anfänglich skeptisch eingestellt gegenüber neutestamentlichen Schriften, musste bei seinen Forschungen seine Meinung revidieren: »Lukas ist ein Historiker ersten Ranges, er sollte in die Liste der bedeutendsten Geschichtsschreiber aufgenommen werden.« [52] Lukas ist also ein vertrauenswürdiger Informant über das Auftreten von Johannes dem Täufer – ein Verwandter von Jesus und »Herold«, d.h. Ankündiger von Jesus, wie in der Prophetie von Jesaja vorhergesagt. Auch mit Johannes wurde ein Zeichen gesetzt: Er sollte auf das baldige Kommen des Messias hinweisen, des jüdischen *Jeschua HaMaschiach*, d.h. Jesus, der Messias/Gesalbte, der Retter und Erlöser erst der Juden und dann der nichtjüdischen Heiden. Mit dem Hinweis auf alte Schriften der Juden, wie hier auf Jesaja, sollte deutlich gemacht werden, dass jetzt, mit Jesus, eine Prophetie über ihn Wirklichkeit wird. Eine von vielen. Und zuerst sollten die Juden das Zeichen erkennen. Wie sich herausstellen wird, taten sie das nicht. Die Zeichen der Zeit zu erkennen, bleibt dennoch eine Aufforderung von Gott an Gläubige, auch heute. Jesus selbst hat seinen Zeitgenossen viele Hinweise darauf gegeben, was noch kommen wird.

In den Evangelien, in der Offenbarung des Johannes, dem letzten Buch der Bibel im Neuen Testament, und im Buch Daniel des Alten Testaments werden weitere Zeichen über das, was kommen wird, geschildert – oft in teils schwierigen sprachlichen Bildern. Einige Prophetien sind heute in der Politik, der Wirtschaft, der Technik, der Natur, im sozialen, aber auch im religiösen Bereich sichtbar. Manches andere lässt sich im Ansatz erkennen, Weiteres ist noch verborgen. Im Grunde sollten Christen über manche aktuelle Entwicklung nicht überrascht sein. Die Zeichen der Zeit sind nur eine Bestätigung dessen, was Gott in der Bibel prophezeit hat.

Johannes der Täufer wurde von Herodes Antipas inhaftiert und dann geköpft, weil er unter anderem auch die Scheidung des Herodes von seiner ersten Frau und die Heirat der Frau seines Bruders öffentlich verurteilte. Darüber berichten nicht nur die Evangelien, sondern auch der römische Historiker Josephus Flavius. Der Tod von Johannes dem Täufer wird auf das Ende des Jahres 20 n.Chr. datiert.

- *Prophetie:* Jesus wird die Aufgabe haben zu heilen.

Vorhersagen beim Propheten Jesaja: »Dann werden die Augen der Blinden aufgetan und die Ohren der Tauben geöffnet werden; dann wird der Lahme springen wie ein Hirsch und die Zunge des Stummen lobsingen« (Kapitel 35, Verse 5-6).

»Hört, ihr Tauben, und ihr Blinden, schaut her, um zu sehen!« (Kapitel 42, Vers 18).

Bestätigung im Neuen Testament bei Matthäus: »Als aber Johannes im Gefängnis von den Werken des Christus hörte, sandte er zwei seiner Jünger und ließ ihm sagen: Bist du derjenige, der kommen soll, oder sollen wir auf einen anderen warten? Und Jesus antwortete und sprach zu ihnen: Geht hin und berichtet dem Johannes, was ihr hört und seht: Blinde werden sehend und Lahme gehen, Aussätzige werden rein und Taube hören, Tote werden auferweckt, und Armen wird das Evangelium verkündigt« (Matthäus-Evangelium, Kapitel 11, Verse 2-5).

Johannes der Täufer ist ein Beispiel dafür, dass in der Bibel eben keine schön erfundenen Geschichten stehen. Denn es wird auch erzählt, wie prominente biblische Personen schwächeln, die Orientierung verlieren, zweifeln und keinen festen Boden mehr unter den Füßen haben. Wer Geschichten erzählen will, tut das mit starken Helden, Zweifler sind keine nette Story. Doch Matthäus sagt einfach nur, wie es war: Johannes sitzt im Gefängnis in Machräus, einer Burg Herodes des Großen, östlich des Toten Meeres im heutigen Jordanien. Und plötzlich ist er nicht mehr sicher, ob Jesus wirklich der von ihm kurz zuvor angekündigte Messias ist. Hat er sich getäuscht? War alles nur ein großer Irrtum? Johannes weiß, dass er nicht mehr lebend aus seinem Gefängnis kommt. Er will für sich und für seine Mitarbeiter Klarheit. Er kann ein paar von ihnen zu Jesus schicken, um nach eindeutigen Hinweisen, nach Beweisen zu fragen. Ist er der Messias oder muss man auf einen anderen warten? Jesus erkennt das große Problem des Johannes und die Dringlichkeit der Anfrage. Und seine Antwort ist typisch jüdisch. Er schickt die Frager nicht mit einer großartigen theologischen Ausführung oder einer tiefgehenden Philosophie über seine messianische Aufgabe zurück. Sondern er wird ganz konkret, faktisch und informiert kurz und knapp, was er getan hat: Blinde sehen, Lahme gehen, Aussätzige werden geheilt, Taube hören, Tote werden auferweckt, und den Armen wird Gottes gute Botschaft verkündet. Das ist hochgradig jüdisch (und auch christlich). Nicht Philosophien, gelehrte Überlegungen oder theoretische Konzepte zählen, sondern Taten. Der theologische Überbau, die Dogmatik, ist schön und gut und muss einen festen Platz im Glauben haben. Was aber wirklich zählt, ist das Tun. Auf die Ethik kommt es an. Jesus zitiert sinngemäß Jesaja, der prophezeite, was der Messias (unter anderem) tun wird und dass er daran zu erkennen ist. Jesus lässt dem zweifelnden Johannes ausrichten: All dies habe ich getan und du weißt, was das bedeutet. Jesus beweist dem Johannes, dass er der Messias, der Christus, der Erlöser der Welt ist – durch das, was er in Anwesenheit von Augenzeugen getan hat. Gott beweist, dass er Gott ist, durch Taten. Wenn in der Bibel von Zeichen und Wundern die Rede ist, dann wissen Gläubige: Hier arbeitet Gott.

- *Prophetie:* Jesus wird durch Kreuzigung hingerichtet.

Vorhersage beim Propheten Sacharja (ca. 500 v.Chr.): »Aber über das Haus David und über die Einwohner von Jerusalem will ich den Geist der Gnade und des Gebets ausgießen, und sie werden auf mich sehen, den sie durchstochen haben, ja, sie werden um ihn klagen, wie man klagt um den eingeborenen [Sohn], und sie werden bitterlich über ihn Leid tragen, wie man bitterlich Leid trägt über den Erstgeborenen« (Sacharja, Kapitel 12, Vers 10).

Psalm 22, Vers 16-17 (ca. 500 v.Chr.): »Meine Kraft ist vertrocknet wie eine Scherbe, und meine Zunge klebt an meinem Gaumen, und du legst mich in den Staub des Todes. Denn Hunde umringen mich, eine Rotte von Übeltätern umgibt mich; sie haben meine Hände und meine Füße durchgraben.«

Der Hinweis auf »durchgraben« bezieht sich auf die Kreuzigung von Jesus, bei der er mit Nägeln ans Kreuz geschlagen wurde.

Die *Bestätigung*, dass Jesus gekreuzigt wurde und gestorben ist, findet sich zum Beispiel im Neuen Testament in den Evangelien des Matthäus, Lukas und Johannes: »Nachdem sie ihn nun gekreuzigt hatten, teilten sie seine Kleider unter sich und warfen das Los, damit erfüllt würde, was durch den Propheten gesagt ist: ›Sie haben meine Kleider unter sich geteilt, und das Los über mein Gewand geworfen‹« (Matthäus-Evangelium, Kapitel 27, Vers 35).

»Und als sie an den Ort kamen, den man Schädelstätte nennt, kreuzigten sie dort ihn und die Übeltäter, den einen zur Rechten, den anderen zur Linken« (Lukas-Evangelium, Kapitel 23, Vers 33).

»Und er trug sein Kreuz und ging hinaus zur sogenannten Schädelstätte, die auf hebräisch Golgatha heißt. Dort kreuzigten sie ihn, und mit ihm zwei andere zu beiden Seiten, Jesus aber in der Mitte« (Johannes-Evangelium, Kapitel 19, Vers 17-18).

Im Alten Testament gibt es noch weitere, sehr exakte Prophetien darüber, was Jesus bei seiner Kreuzigung zu erleiden hat: Er wird auf die Wange geschlagen, angespuckt und verhöhnt. Es wird vorhergesagt, dass er Durst leiden wird und dagegen Essig zu trinken bekommt, seine Knochen werden nicht gebrochen und vieles mehr. Berichte im Neuen Testament bestätigen auch die Erfüllung dieser Prophetien.

Neben den Evangelien gibt es auch außerbiblische Berichte über die Kreuzigung: *Flavius Josephus* (37-100 n.Chr.) war ein Jude, ein gebildeter Pharisäer, der im Jüdischen Krieg im Jahr 67 gefangen genommen wurde und sich dann als Historiker betätigte. Er schrieb: »Um diese Zeit lebte Jesus, ein weiser Mensch, wenn man ihn überhaupt einen Menschen nennen darf. Er war nämlich der Vollbringer ganz unglaublicher Taten und der Lehrer aller Menschen, die mit Freuden die Wahrheit aufnahmen. So zog er viele Juden und auch viele Heiden an sich. Er war der Christus. Und obgleich ihn Pilatus auf Betreiben der Vornehmsten unseres Volkes zum Kreuzestod verurteilte, wurden doch seine früheren Anhänger ihm nicht untreu. Denn er erschien ihnen am dritten Tage wieder lebend, wie gottgesandte Propheten dies und tausend andere wunderbare Dinge von ihm vorher verkündigt hatten. Und noch bis auf den heutigen Tag besteht das Volk der Christen, die sich nach ihm nennen, fort.« [53]

Justinus der Märtyrer schreibt um das Jahr 150 n.Chr. an Kaiser Antonius Pius über die Erfüllung von Psalm 22,16: »Die Worte aber ›Sie haben meine Hände und Füße durchbohrt‹, deuten auf Nägel hin, die ihm am Kreuze durch Hände und Füße getrieben wurden. Und nachdem sie ihn gekreuzigt hatten, warfen die, welche ihn gekreuzigt hatten, über seine Kleidung das Los und teilten sie untereinander. Dass das so geschehen ist, könnt ihr aus den unter Pontius Pilatus angefertigten Akten ersehen.« [54]

Origenes (185-254 n.Chr., christlicher Gelehrter und Theologe): »Und was die Sonnenfinsternis in der Zeit des Tiberius Cäsar betrifft, in dessen Regierungszeit Jesus offenbar gekreuzigt wurde, sowie die großen Erdbeben, die damals stattfanden, so hat, wie ich glaube, auch Phlegon im dreizehnten oder vierzehnten Buch seiner Chronik darüber geschrieben.« [55]

Julius Africanus (von 232-248 Bischof von Alexandrien) erwähnt die Kreuzigung Jesu 221 n.Chr.: »Thallus erklärt diese Finsternis bei der Kreuzigung Jesu im dritten Buch seiner Geschichtswerke als eine Sonnenfinsternis – was mir nicht sehr einleuchtend scheint.« [56]

Tacitus, ein bedeutender römischer Historiker und Senator, weist um 117 n.Chr. auch auf die »Chrestianer« hin: »Aber nicht durch menschliche Hilfe, nicht durch reiche Spenden des Prinzeps oder Besänftigungen der Götter wich das Gerücht, dass der Brand für einen befohlenen gehalten wurde. Daher schob Nero für die Beseitigung des Gerüchts Schuldige vor und verhängte äußerst ausgesuchte Strafen (über sie), die das Volk als wegen der Schandtaten verhasste Chrestianer bezeichnete. Der Namensspender Christus war unter der Herrschaft des Tiberius durch den Prokurator Pontius Pilatus zum Tode verurteilt worden ...« [57]

Die Kreuzigung von Jesus hatte in Jerusalem einiges Aufsehen erregt, zudem gab es viele Augenzeugen, darunter der Evangelist Johannes. Die Berichte über die Kreuzigung erschienen in schriftlicher Form, als die meisten Zeitgenossen noch lebten. Es wäre also völlig unsinnig gewesen, den Menschen, die die Kreuzigung und den Tod von Jesus miterlebt bzw. davon gehört hatten, erfundene Geschichten darüber zu erzählen. Auf diese Idee ist man erst später gekommen. Zum Thema Kreuzigung gibt es zum Beispiel folgende Varianten (neben vielen anderen): Jesus wurde gar nicht gekreuzigt, sondern ist irgendwann zwischen seinem 12. und 30. Lebensjahr nach Indien gereist. Das behauptete ein Franzose, der auf einer Indienreise Schriften über den jungen Jesus und Zitate von ihm gefunden haben will. Es stellte sich bald heraus, dass diese Schriften Fälschungen waren.

Das hat andere Autoren nicht gehindert, diese Geschichte in ihren Büchern weiterzuverbreiten.

Ebenfalls im 19. Jahrhundert behauptete ein russischer Journalist, er habe alte Handschriften gefunden, die den Aufenthalt des jungen Jesus in Tibet belegen würden. Man konnte nachweisen, dass der Journalist niemals in der Region gewesen war, in der er die Schriften gefunden haben will.

Noch eine Version: Statt Jesus wurde ein anderer Mann gekreuzigt, den man mit ihm verwechselte. Jesus selbst wurde lebendig in den Himmel erhoben. Das meint der Koran, in Sure 4,157. Dort heißt es über die Juden (die Texte in Klammern sind Kommentare eines Übersetzers): »›... und wegen ihrer Rede: ›Wir haben Jesus, den Sohn der Maria, den Gesandten Allahs, getötet‹, während sie ihn doch (in Wirklichkeit) weder erschlagen noch gekreuzigt hatten, sondern dies wurde ihnen nur vorgetäuscht; (vielmehr erschien ihnen ein anderer ähnlich, sodass sie ihn mit Jesus verwechselten) und jene, die in dieser Sache uneins sind, sind wahrlich im Zweifel darüber; sie haben keine Kenntnis davon, sondern folgen nur einer Vermutung; und sie haben ihn nicht mit Gewissheit getötet (d.h. sie können nicht mit Gewissheit sagen, dass sie ihn getötet haben). Vielmehr hat Allah hat ihn zu sich (in den Himmel) erhoben [...].«

Anzumerken ist, dass der *Allah* des Islam nichts mit dem jüdischchristlichen Gott zu tun hat. *Allah* ist ein rein arabischer Ausdruck: Es ist der Eigenname für den »Mondgott«, eine der 360 Gottheiten, die von Arabern in der Kaaba in Mekka schon vor Mohammed angebetet wurden. Man nannte diesen Mondgott auch *al-ilah*, »Der Gott«. Ihn bestimmte Mohammed dann als einzigen der 360 Gottheiten zum Gott der Moslems. Die Mondsichel auf jeder Moschee weist auch heute noch auf den Mondgott Allah hin.

Die Moscheen selbst tragen in vielen deutschen Städten oft die Bezeichnung *Fatih* in ihrem Namen. Das bezieht sich auf Sultan

Fatih Mehmet II., der 1453 das christliche Byzanz (heute Istanbul) eroberte, seitdem ist *Al Fatih* – »Der Eroberer« – die Symbolfigur für den Sieg des Islam über das Christentum. *Fatih*-Moscheen stehen also für das Ende der christlichen Herrschaft. Die gleiche Botschaft verkünden die Minarette, denn diese meist schlanken, speerförmigen Säulen neben den Moscheen haben auch Signalfunktion: als Siegessäulen nach erfolgter Eroberung. Dieses Eroberungs- und Siegeskonzept stammt von Mohammed selbst, der über sich sagt: »Mir ist aufgetragen, die Menschen zu bekämpfen, bis sie bezeugen, dass es keinen Gott gibt außer Allah [...].«

Was aber auch immer fantasievoll über den Tod von Jesus erzählt und behauptet wird, unter Historikern und Bibelwissenschaftlern gibt es keinen Zweifel, dass Jesus auf Befehl des Pontius Pilatus gekreuzigt und sein Leichnam in einem Felsengrab bestattet wurde. Pilatus war von 26 bis 36 n.Chr. Präfekt (Statthalter) des römischen Kaisers Tiberius in der Provinz Judäa. Als Todesdatum von Jesus wird der 7. April des Jahres 30 genannt. Die Hinrichtung von Jesus war ein politisch motivierter Justizmord. Die Verbrechen, wegen deren man Jesus verurteilte, hatte er nie begangen. Er hatte nie behauptet, politischer und militärischer König der Juden werden zu wollen.

- *Prophetie:* Jesus wird auferstehen.

Vorhersage im Alten Testament: »[...] denn du wirst meine Seele nicht dem Totenreich preisgeben und wirst nicht zulassen, dass dein Getreuer die Verwesung sieht« (Psalm 16, Vers 10).

Hinweis von Jesus selbst: »Von da an begann Jesus seinen Jüngern zu zeigen, daß er nach Jerusalem gehen und viel leiden müsse von den Ältesten, den obersten Priestern und Schriftgelehrten, und getötet werden und am dritten Tag auferweckt werden müsse« (Matthäus-Evangelium, Kapitel 16, Vers 21).

»Als sie aber vom Berg herabgingen, gebot er ihnen, niemand zu erzählen, was sie gesehen hatten, bis der Sohn des Menschen aus den Toten auferstanden sei. Und sie behielten das Wort bei sich und besprachen sich untereinander, was das Auferstehen aus den Toten bedeute« (Markus-Evangelium, Kapitel 9, Verse 9-10).

Bestätigungen im Neuen Testament: »Der Engel aber wandte sich zu den Frauen und sprach: Fürchtet ihr euch nicht! Ich weiß wohl, dass ihr Jesus, den Gekreuzigten, sucht. Er ist nicht hier, denn er ist auferstanden, wie er gesagt hat. Kommt her, seht den Ort, wo der Herr gelegen hat! Und geht schnell hin und sagt seinen Jüngern, dass er aus den Toten auferstanden ist. Und siehe, er geht euch voran nach Galiläa; dort werdet ihr ihn sehen. Siehe, ich habe es euch gesagt! Und sie gingen schnell zum Grab hinaus mit Furcht und großer Freude und liefen, um es seinen Jüngern zu verkünden. Und als sie gingen, um es seinen Jüngern zu verkünden, siehe, da begegnete ihnen Jesus und sprach: Seid gegrüßt! Sie aber traten herzu und umfassten seine Füße und beteten ihn an. Da sprach Jesus zu ihnen: Fürchtet euch nicht! Geht hin, verkündet meinen Brüdern, dass sie nach Galiläa gehen sollen; dort werden sie mich sehen! Während sie aber hingingen, siehe, da kamen etliche von der Wache in die Stadt und verkündeten den obersten Priestern alles, was geschehen war. Diese versammelten sich samt den Ältesten, und nachdem sie Rat gehalten hatten, gaben sie den Kriegsknechten Geld genug und sprachen: Sagt, seine Jünger sind bei Nacht gekommen und haben ihn gestohlen, während wir schliefen. Und wenn dies vor den Statthalter kommt, so wollen wir ihn besänftigen und machen, dass ihr ohne Sorge sein könnt. Sie aber nahmen das Geld und machten es so, wie sie belehrt worden waren. Und so wurde dieses Wort unter den Juden verbreitet bis zum heutigen Tag« (Matthäus-Evangelium, Kapitel 28, Verse 5-15).

»Und es geschah, als er mit ihnen zu Tisch saß, nahm er das

Brot, sprach den Segen, brach es und gab es ihnen. Da wurden ihnen die Augen geöffnet, und sie erkannten ihn; und er verschwand vor ihnen. Und sie sprachen zueinander: Brannte nicht unser Herz in uns, als er mit uns redete auf dem Weg, und als er uns die Schriften öffnete? Und sie standen auf in derselben Stunde und kehrten nach Jerusalem zurück und fanden die Elf und ihre Gefährten versammelt, die sprachen: Der Herr ist wahrhaftig auferstanden, und er ist dem Simon erschienen! Und sie selbst erzählten, was auf dem Weg geschehen war, und wie er von ihnen am Brotbrechen erkannt worden war« (Lukas-Evangelium, Kapitel 24, Verse 30-35).

»Den ersten Bericht habe ich verfasst, o Theophilus, über alles, was Jesus anfing zu tun und zu lehren, bis zu dem Tag, da er [in den Himmel] aufgenommen wurde, nachdem er den Aposteln, die er erwählt hatte, durch den Heiligen Geist Befehl gegeben hatte. Ihnen erwies er sich auch nach seinem Leiden als lebendig durch viele sichere Kennzeichen, indem er ihnen während 40 Tagen erschien und über das Reich Gottes redete« (Apostelgeschichte, Kapitel 1, Verse 1- 3).

»Denn ich habe euch zu allererst das überliefert, was ich auch empfangen habe, nämlich dass Christus für unsere Sünden gestorben ist, nach den Schriften, und dass er begraben worden ist und dass er auferstanden ist am dritten Tag, nach den Schriften, und dass er dem Kephas erschienen ist, danach den Zwölfen. Danach ist er mehr als 500 Brüdern auf einmal erschienen, von denen die meisten noch leben, etliche aber auch entschlafen sind. Danach erschien er dem Jakobus, hierauf sämtlichen Aposteln. Zuletzt aber von allen erschien er auch mir, der ich gleichsam eine unzeitige Geburt bin« (1. Brief des Apostels Paulus an die Korinther, Kapitel 15, Verse 3-8).

Zuletzt ist Jesus Christus dem Paulus erschienen, der zu diesem Zeitpunkt noch »Saulus« hieß. Dieses Ereignis wird auch in der Apostelgeschichte des Lukas beschrieben: »Saulus aber, der noch Drohung und Mord schnaubte gegen die Jünger des Herrn, ging zum Hohenpriester und erbat sich von ihm Briefe nach Damaskus an die Synagogen, in der Absicht, wenn er irgendwelche Anhänger des Weges fände, ob Männer oder Frauen, sie gebunden nach Jerusalem zu führen. Als er aber hinzog, begab es sich, daß er sich Damaskus näherte; und plötzlich umstrahlte ihn ein Licht vom Himmel. Und er fiel auf die Erde und hörte eine Stimme, die zu ihm sprach: Saul! Saul! Warum verfolgst du mich? Er aber sagte: Wer bist du, Herr? Der Herr aber sprach: Ich bin Jesus, den du verfolgst. Es wird dir schwer werden, gegen den Stachel auszuschlagen! Da sprach er mit Zittern und Schrecken: Herr, was willst du, daß ich tun soll? Und der Herr antwortete ihm: Steh auf und geh in die Stadt hinein, so wird man dir sagen, was du tun sollst! Die Männer aber, die mit ihm reisten, standen sprachlos da, denn sie hörten zwar die Stimme, sahen aber niemand. Da stand Saulus von der Erde auf; doch obgleich seine Augen geöffnet waren, sah er niemand. Sie leiteten ihn aber an der Hand und führten ihn nach Damaskus. Und er konnte drei Tage lang nicht sehen und aß nicht und trank nicht« (Apostelgeschichte, Kapitel 9, Verse 1-9).

Saulus/Paulus, der Pharisäer, stammte aus Tarsus in der heutigen Provinz Mersin an der türkischen Mittelmeerküste. Tarsus war eine blühende Handelsmetropole mit ca. 500.000 Einwohnern. Es gab eine Universität und berühmte Philosophen stammten von hier. Paulus wurde in seinem wohlhabenden, jüdischen Elternhaus erzogen, sprach noch Aramäisch und Hebräisch, was damals für Juden schon unüblich war. Und er beherrschte selbstverständlich Griechisch, die Sprache der damaligen Weltmacht Rom. Zur Vervollständigung seiner Bildung studierte er in Jerusalem bei Gamaliel, dem herausragendsten jüdischen Lehrer jener Zeit. Paulus gehörte als Pharisäer zur jüdischen Elite, als hervorragender Schüler des Gamaliel sogar zur Elite der Elite. Als pharisäischer »Eiferer«, wie er selbst sagt, der »Drohung und Mord schnaubte gegen die Jünger des Herrn«, verfolgte er die Juden, die sich zu Jesus Christus bekannten. Auf dem Weg nach Damaskus, wo einige von ihnen lebten, ist Jesus dem Paulus erschienen. Jesus ist auferstanden, er lebt. Das bezeugt Paulus, ein großstädtisch aufgewachsener, multikulturell geprägter und hochgebildeter Jude – einer der klügsten Köpfe seiner Zeit, wie viele sagen. Erfindet ein Mann wie Paulus so etwas? Oder hat er Halluzinationen? Nein, sondern dieser Paulus wird der Erste sein, der Nichtjuden zum Glauben an Jesus Christus führt, indem er Jesus »durchs Evangelium verkünden sollte unter den Heiden«, wie Paulus selbst sagt. Jesus ist ihm tatsächlich erschienen. Wann das war, lässt sich aus unterschiedlichen Informationen ziemlich genau ermitteln: im Oktober des Jahres 31, anderthalb Jahre nach dem Tod von Jesus Christus. Aus dem ca. 40-jährigen Saulus, dem gnadenlosen Christen-Verfolger, wird Paulus, »berufener Apostel Christi Jesu« und »Knecht Christi Jesu«. Und als solcher nimmt er extreme Situationen auf sich: »Ich habe weit mehr Mühsal, über die Maßen viele Schläge ausgestanden, war weit mehr in Gefängnissen, öfters in Todesgefahren. Von den Juden habe ich fünfmal 40 Schläge weniger einen empfangen; dreimal bin ich mit Ruten geschlagen, einmal gesteinigt worden; dreimal habe ich Schiffbruch erlitten; einen Tag und eine Nacht habe ich in der Tiefe zugebracht. Ich bin oftmals auf Reisen gewesen, in Gefahren auf Flüssen, in Gefahren durch Räuber, in Gefahren vom eigenen Volk, in Gefahren von Heiden, in Gefahren in der Stadt, in Gefahren in der Wüste, in Gefahren auf dem Meer, in Gefahren unter falschen Brüdern; in Arbeit und Mühe, oftmals in Nachtwachen, in Hunger und Durst; oftmals in Fasten, in Kälte und Blöße; zu alledem der tägliche Andrang zu mir, die Sorge für alle Gemeinden« (2. Brief des Paulus an die Korinther, Kapitel 11, Verse 23-28). Hätte sich Paulus diesen Schwierigkeiten ausgesetzt, wenn er die Begegnung mit Jesus nur erfunden oder geträumt hätte? »Wer auf dem besten Wege zu einer pharisäischen Spitzenlaufbahn mit römischen Privilegien wissentlich ein ständiges Außenseitertum, Verfolgungen, Leiden, Todesgefahr und schließlich den Tod auf sich nimmt, folgt keinen Halluzinationen. [...] Ein Mann wie er ließ sich nicht durch Illusionen auf einer staubigen Überlandstraße täuschen.« [58]

Dass Jesus gekreuzigt wurde, kann auch ein nichtgläubiger Mensch abnicken. Tausende wurden zu jener Zeit nach dieser römischen Tötungsmethode hingerichtet. Dass niemand diese Grausamkeiten hat überleben können, wurde durch medizinische Forschung zweifelsfrei festgestellt. Dass ein verstorbener Jude beerdigt werden muss, schreibt das jüdische Gesetz vor. Somit wären Kreuzigung, Tod und Bestattung von Jesus Ereignisse, die eigentlich keinen Anlass für Zweifel geben. Aber dass ein Mensch nach drei Tagen mit einem neuen Körper von den Toten aufersteht – das ist zu viel. Das hört sich ganz deutlich nach Fantasie an. Oder Halluzination. Oder Visionen. Oder einfach nach dreisten Lügen. Der Punkt dabei ist: Alle, die im Neuen Testament über Jesus berichtet haben, würden das Gleiche sagen: Ja, es stimmt, kein Mensch kann tot sein und ein paar Tage später von selbst als Lebender wieder auftauchen. Ein Mensch kann das nicht. Aber Jesus. Weil er nicht nur Mensch war, sondern Sohn Gottes, der von seinem himmlischen Vater auferweckt wurde, wie die Bibel sagt. Wenn man das Gott-Sein von Jesus wegnimmt, dann bleibt ein psychopathischer Mensch übrig. Ein größenwahnsinniger Verführer und Lügner. Ein Jesus, der nur ein gewöhnlicher Mensch gewesen wäre, wäre auch der absolute Tiefpunkt an Verkommenheit in der Geschichte der Menschheit gewesen. C. S. Lewis, ehemaliger Atheist und später einer der meistgelesenen christlichen Autoren des 20. Jahrhunderts, sagt: »Ich möchte [...] jedermann vor dem wirklich dummen Einwand bewahren, er sei zwar bereit, Jesus als großen Morallehrer anzuerkennen, nicht aber seinen Anspruch, Gott zu sein. Denn gerade das können wir nicht sagen. Ein Mensch, der solche Dinge sagen würde, wie Jesus sie gesagt hat, wäre kein großer Morallehrer. Er wäre entweder ein Irrer – oder der Satan in Person. Wir müssen uns deshalb entscheiden: Entweder war – und ist – dieser Mensch Gottes Sohn, oder er war ein Narr oder Schlimmeres. Wir können ihn als Geisteskranken einsperren, wir können ihn verachten oder als Dämon töten. Oder wir können ihm zu Füßen fallen und ihn Herr und Gott nennen. Aber wir können ihn nicht mit gönnerhafter Herablassung als einen großen Lehrer der Menschheit bezeichnen. Das war nie seine Absicht; diese Möglichkeit hat er uns nicht offengelassen.« [59]

Alle Berichte in den Evangelien über den auferstandenen Jesus haben mit persönlichen Begegnungen zu tun. Jesus wurde wegen seines anderen Aussehens nicht sofort erkannt, aber an seinen Worten und seinen symbolischen Handlungen. Es werden Zeugen genannt, denen Jesus sich zeigte, an Orten, die nachprüfbar sind und die es wirklich gegeben hat. Und es wird exakt festgehalten, wie lange Jesus als Auferstandener sich zu erkennen gab: über einen Zeitraum von 40 Tagen. Unter den Berichterstattern über die Auferstehung ist auch wieder der Apostel Lukas (Apostelgeschichte). Er hat sich in all seinen Informationen als zuverlässig erwiesen und berichtet genau so, wie es heute seriöse Journalisten gemäß ihrem Pressekodex tun. Sie klären folgende Fragen: Wer hat was getan oder gesagt? Wann? Wo? Wie? Warum? Es geht nicht um die eigene Meinung, sondern man verwendet nur Fakten und sichert sie durch zwei oder drei weitere Quellen oder Zeugen ab. Und daraus entsteht eine objektive Berichterstattung. Genau so hat der Apostel Lukas gearbeitet. Es wäre völlig widersprüchlich, wenn er bei der Auferstehung von Jesus plötzlich angefangen hätte, fantasievolle Geschichten zu erzählen.

Die Auferstehung von Jesus gehört zu den fundamentalen Glaubensinhalten des Christentums. Wenn es sie nicht gegeben hat, ist der christliche Glaube nichts wert. Dann läuft das Alte Testament ins Leere und hat keinen Sinn. Und das Neue Testament wäre nicht mehr als eine etwas spezielle Moralphilosophie. In seinem 1. Brief an die Korinther schreibt der Apostel Paulus: »Wenn aber Christus verkündigt wird, dass er aus den Toten auferstanden ist, wieso sagen denn etliche unter euch, es gebe keine Auferstehung der Toten? Wenn es wirklich keine Auferstehung der Toten gibt, so ist auch Christus nicht auferstanden! Wenn aber Christus nicht auferstanden ist, so ist unsere Verkündigung vergeblich, und vergeblich auch euer Glaube! Wir werden aber auch als falsche Zeugen Gottes erfunden, weil wir von Gott bezeugt haben, dass er Christus auferweckt hat, während er ihn doch nicht auferweckt hat, wenn wirklich Tote nicht auferweckt werden! Denn wenn Tote nicht auferweckt werden, so ist auch Christus nicht auferweckt worden. Ist aber Christus nicht auferweckt worden, so ist euer Glaube nichtig, so seid ihr noch in euren Sünden; dann sind auch die in Christus Entschlafenen verloren. Wenn wir nur in diesem Leben auf Christus hoffen, so sind wir die elendesten unter allen Menschen! Nun aber ist Christus aus den Toten auferweckt; er ist der Erstling der Entschlafenen geworden. Denn weil der Tod durch einen Menschen kam, so kommt auch die Auferstehung der Toten durch einen Menschen; denn gleichwie in Adam alle sterben, so werden auch in Christus alle lebendig gemacht werden « (1. Korintherbrief, Kapitel 15, Verse 12-22). Aber ein Jesus, der ganz Gott, aber ebenso ganz Mensch war, der wäre die engste, direkteste, persönlichste Verbindung zwischen Himmel und Erde, die jemals wahrgenommen wurde. Und wenn er von den Toten auferstanden ist, dann beweist das vor allem eins: Er ist tatsächlich der, der er vorgab zu sein: der Sohn Gottes und der Messias, der Christus, der Erlöser. »Christus hatte den Tod besiegt. Ein Tor war aufgesprengt worden, zum allerersten Mal, ein Tor, das seit Urzeiten verschlossen und verriegelt gewesen war. [...] Die

Auferstehungsberichte sind nicht ein Bild für das Weiterleben nach dem Tode; sie bezeugen, dass eine neue Existenzform in dieser Welt begonnen hat. [...] Dieser Mensch wird nach dem Tode nicht in ›Geist‹ und ›Körper‹ geschieden. Er ist zu einer neuen Art des Seins erstanden.« [60] Der christliche Glaube stützt sich auf das tatsächliche Leben, den tatsächlichen Tod und die tatsächliche Auferstehung von Jesus. Und darauf, dass Jesus für alle, die an ihn glauben, der Weg ist in ein ewiges Leben bei Gott – mit einem neuen Körper und einem neuen Geist.

Lord Darling (1849-1936), ein ehemaliger Richter am obersten Gerichtshof von England und Wales, schrieb über die Auferstehung: »Dafür, dass dies die lebendige Wahrheit ist, gibt es so überwältigende Beweise, positive wie negative, Tatsachenbeweise wie Umstände, dass kein vernünftiges Gericht der Welt zu einem anderen Urteil kommen könnte als dem, dass die Auferstehung wahr ist.«

Der Historiker und Nobelpreisträger *Theodor Mommsen* bezeichnete die Auferstehung Jesu als eines der am besten bezeugten Ereignisse der ganzen Antike. Im Westminster Glaubensbekenntnis von 1647 heißt es über die Inhalte der Bibel (Artikel 1.7): »In der Schrift sind weder alle Dinge in sich selbst klar noch gleich verständlich für jeden; doch sind jene Dinge, die heilsnotwendig sind zu wissen, zu glauben und zu halten, so deutlich vorgestellt und eröffnet an der einen oder anderen Stelle der Schrift, dass nicht nur der Geschulte, sondern auch der Ungeschulte beim rechten Gebrauch der ordentlichen Mittel zu einem ausreichenden Verständnis dessen gelangen kann.« Auch was die Auferstehung von Jesus betrifft, gibt die Bibel viele vertrauenswürdige Informationen, aus denen man nur einen Schluss ziehen kann: Die Auferstehung von Jesus ist ein tatsächliches, historisches Ereignis der Weltgeschichte.

- *Prophetie:* Jesus wird in den Himmel zurückkehren (Himmelfahrt).

Vorhersage im Alten Testament: »[...] denn du wirst meine Seele nicht dem Totenreich preisgeben und wirst nicht zulassen, dass dein Getreuer die Verwesung sieht« (Psalm 16, Vers 10). »Du bist zur Höhe emporgestiegen [...]« (Psalm 68, Vers 19). »Setze dich zu meiner Rechten, bis ich deine Feinde hinlege als Schemel für deine Füße!« (Psalm 110, Vers 1).

Vorhersage von Jesus selbst: »Da sprach Jesus zu ihnen: Noch eine kleine Zeit bin ich bei euch, und dann gehe ich hin zu dem, der mich gesandt hat« (Johannes-Evangelium, Kapitel 7, Vers 33).

»Und ich bin nicht mehr in der Welt; diese aber sind in der Welt, und ich komme zu dir. Heiliger Vater, bewahre sie in deinem Namen, die du mir gegeben hast, damit sie eins seien, gleichwie wir!« (Johannes-Evangelium, Kapitel 17, Vers 11).

Bestätigungen im Neuen Testament: »Er führte sie aber hinaus bis in die Nähe von Bethanien und hob seine Hände auf und segnete sie. Und es geschah, indem er sie segnete, schied er von ihnen und wurde aufgehoben in den Himmel« (Lukas-Evangelium, Kapitel 24, Vers 50-51).

»Der Herr nun wurde, nachdem er mit ihnen geredet hatte, aufgenommen in den Himmel und setzte sich zur Rechten Gottes« (Markus-Evangelium, Kapitel 16, Vers 19).

»Und als er dies gesagt hatte, wurde er vor ihren Augen emporgehoben, und eine Wolke nahm ihn auf von ihren Augen weg. Und als sie unverwandt zum Himmel blickten, während er dahinfuhr, siehe, da standen zwei Männer in weißer Kleidung bei ihnen, die sprachen: Ihr Männer von Galiläa, was steht ihr hier und seht zum Himmel? Dieser Jesus, der von euch weg in den Himmel aufgenommen worden ist, wird in derselben Weise wiederkommen, wie ihr ihn habt in den Himmel auffahren sehen!« (Apostelgeschichte, Kapitel 1, Vers 9-11).

Spätestens seit seiner bestens bezeugten Auferstehung von den Toten muss man zur Kenntnis nehmen, dass man es bei Jesus mit Gott zu tun hat. Er ist nicht nur tatsächlich wahrer Mensch, er kam auch als wahrer Gott. Auch seine Rückkehr in den Himmel, seine Himmelfahrt, offenbart sein göttliches Wesen.

Alle ca. 300 Prophetien im Alten Testament über Jesus, die sich auf sein Wirken auf der Erde beziehen, wurden Wirklichkeit. Es sind Vorhersagen, die zwischen 400 und 1.200 Jahren vor seiner Geburt ausgesprochen wurden und 200 Jahre davor schon im griechischen Alten Testament zu lesen waren. Unter diesen Prophetien gelten 50 als Kernprophetien mit harten Fakten. Mathematiker haben berechnet, wie hoch die Wahrscheinlichkeit dafür ist, dass nur neun Voraussagen zufällig im Leben eines Menschen eintreffen: mit einer Wahrscheinlichkeit von $1:10^{17}$, eine 1 mit 17 Nullen.

Auf eine Person unserer Zeit übertragen würde das so aussehen: Es liegen Dokumente vor, die um das Jahr 1600 verfasst wurden und in denen festgehalten ist, dass es einen Jungen mit Namen Barack Hussein Obama geben wird, mit Geburtsort Honolulu/ Hawaii, der mit seiner Mutter nach Jakarta zieht und später in Chicago ein Jura-Studium abschließt. Er wird eine junge Dame namens Michelle heiraten und schließlich zum ersten afroamerikanischen Präsidenten der USA gewählt werden. Würde man dann sagen, dass die schriftlichen Vorhersagen aus dem 17. Jahrhundert mit den tatsächlich eingetroffenen Ereignissen nichts zu tun hätten? Dass alles nur ein Riesenzufall ist? Oder müsste man nicht annehmen, dass vor 400 Jahren jemand wusste, was kommen würde? Für die Erfüllung von 50 Prophezeiungen ergibt sich eine Wahrscheinlichkeit von $1:10^{157}$, für die ca. 330 Prophezeiungen über Jesus eine Wahrscheinlichkeit von

$1:2{,}187 \times 10^{99}$. Die Größe dieser Zahl ist nicht mehr begreifbar, das ganze Universum besteht schließlich aus »nur« 10^{80} Elektronen. [61]

Über 300 Prophetien, die das Leben von Jesus auf der Erde betreffen, davon 50 bis in kleinste Einzelheiten, Jahrhunderte vor Jesus ausgesprochen – und alle haben sich erfüllt. Alles nur Zufall? Es kann nur das Gegenteil wahr sein: Jesus Christus ist tatsächlich der, der vorhergesagt wurde, auch wenn man das für Unsinn hält. Hier gilt, was der Apostel Paulus in seinem ersten Brief an die Korinther schrieb: »Denn das Wort vom Kreuz ist eine Torheit denen, die verlorengehen; uns aber, die wir gerettet werden, ist es eine Gotteskraft; denn es steht geschrieben: ›Ich will zunichte machen die Weisheit der Weisen, und den Verstand der Verständigen will ich verwerfen‹. Wo ist der Weise, wo der Schriftgelehrte, wo der Wortgewaltige dieser Weltzeit? Hat nicht Gott die Weisheit dieser Welt zur Torheit gemacht? Denn weil die Welt durch [ihre] Weisheit Gott in seiner Weisheit nicht erkannte, gefiel es Gott, durch die Torheit der Verkündigung diejenigen zu retten, die glauben. Während nämlich die Juden ein Zeichen fordern und die Griechen Weisheit verlangen, verkündigen wir Christus den Gekreuzigten, den Juden ein Ärgernis, den Griechen eine Torheit; denen aber, die berufen sind, sowohl Juden als auch Griechen, [verkündigen wir] Christus, Gottes Kraft und Gottes Weisheit« (1. Brief des Paulus an die Korinther, Kapitel 1, Verse 18-24).

Wenn aber biblische Prophetien tatsächlich nachprüfbar erfüllt worden sind (und weitere werden folgen), dann gilt das auch für alle anderen Zusagen und Garantien, die in der Bibel gegeben werden. Eine grundsätzliche Zusage für jeden Menschen lautet: »Denn so sehr hat Gott die Welt geliebt, dass er seinen eingeborenen Sohn gab, damit jeder, der an ihn glaubt, nicht verloren geht, sondern ewiges Leben hat« (Johannes-Evangelium, Kapitel 3, Vers 16). In der Bibel stehen viele weitere Zusagen, zum Beispiel in der Bergpredigt: »Glückselig sind die geistlich Armen, denn ihrer ist das Reich der Himmel! Glückselig sind die Trauernden, denn sie sollen getröstet werden! Glückselig sind die Sanftmütigen, denn sie werden das Land erben! Glückselig sind, die nach der Gerechtigkeit hungern und dürsten, denn sie sollen satt werden! Glückselig sind die Barmherzigen, denn sie werden Barmherzigkeit erlangen! Glückselig sind, die reinen Herzens sind, denn sie werden Gott schauen! Glückselig sind die Friedfertigen, denn sie werden Söhne Gottes heißen! Glückselig sind, die um der Gerechtigkeit willen verfolgt werden, denn ihrer ist das Reich der Himmel! Glückselig seid ihr, wenn sie euch schmähen und verfolgen und lügnerisch jegliches böse Wort gegen euch reden um meinetwillen! Freut euch und jubelt, denn euer Lohn ist groß im Himmel; denn ebenso haben sie die Propheten verfolgt, die vor euch gewesen sind« (Matthäus-Evangelium, Kapitel 5, Verse 3-12).

Diese Aussagen sind Garantien, so zuverlässig wie die biblischen Prophetien. Was geschrieben steht, ist wahr: »Denn das Wort des Herrn ist wahrhaftig, und all sein Tun ist Treue« (Psalm 33). Gott ist Wahrheit, man kann sich auf das, was er sagt, absolut verlassen. Das zu erkennen, steht im Mittelpunkt des Glaubens. Darum geht es. Fakten können helfen, nicht gleich alles, was mit Gott und der Bibel zu tun hat, vom Tisch zu wischen. Und dann kann man sich auf den Weg machen und sich dem Glauben öffnen – und zu einer Wahrheits-Erkenntnis gelangen, die unendlich wertvoller und entscheidender ist als die Weisheit der Welt und die Klugheit der Klugen, wie Paulus sagt. Ein sehr Kluger hat gesagt: »Es gibt nur eine Stelle in der Welt, wo wir kein Dunkel sehen: das ist die Person Jesu Christi. In ihm hat sich Gott am deutlichsten vor uns hingestellt« (Albert Einstein).

Das Leben ist schön. Aber warum?

Das Universum, der Mensch, die Bibel – alle zeigen auf Gott und sagen: Er war's. Gott ist die sinnvollste Erklärung dafür, dass es das Universum und den Menschen gibt. Gott ist die einzige Begründung für die wahren, tiefgründigen und einzigartigen Aussagen der Bibel. Weil er ihr Autor ist. Und natürlich steht eins im Mittelpunkt: der Glaube daran, dass Jesus tatsächlich gelebt hat, dass er gestorben und auferstanden ist, dass er Gottes Sohn war. Für diese Überzeugung sind die engsten Vertrauten von Jesus gestorben. Wer würde das für eine Lüge tun? Eine Lüge, von der man weiß, dass sie eine ist, oder die man selbst in die Welt gesetzt hat? Die meisten Apostel von Jesus sind als Märtyrer umgekommen: Petrus (gekreuzigt), Andreas (gekreuzigt), Jakobus, Sohn des Alphäus (vom Tempel gestoßen, dann mit Stöcken erschlagen), Philippus (gekreuzigt), Simon (gekreuzigt), Bartholomäus (Haut abgezogen, gekreuzigt), Matthäus (enthauptet), Jakobus, Sohn des Zebedäus (enthauptet), Thomas (Tod durch Lanzenstich), Thaddäus (von Pfeilen durchbohrt). Nur Johannes ist in hohem Alter eines natürlichen Todes gestorben. Für diese Wahrheit sind in den folgenden Jahrhunderten noch Tausende in den Tod gegangen und haben sich nicht von ihr distanziert, um ihr Leben zu retten. An diese Wahrheit hielten und halten sich Menschen weltweit – auch unter Druck, Drohungen und Verfolgungen. An diese Wahrheit halten sie sich heute noch, trotz des Versuchs, sie lächerlich und unglaubwürdig zu machen. An diese Wahrheit halten sie sich – entgegen den Angriffen von Philosophen und Naturwissenschaftlern, die die biblischen Berichte hauptsächlich als rein symbolisch, märchenhaft und mythisch abqualifizieren. Nicht viel besser verhält sich die offizielle amtliche Theologie. Zum großen

Teil folgt sie einem Konzept, das auf der völlig willkürlichen Entscheidung beruht, Gottes Wort, also die Bibel, nicht mehr als tatsächliches Wort von Gott und verbindliche Wahrheit anzuerkennen, sondern es als ein Werk des menschlichen Geistes einzuordnen. Die Bibel wäre also keine übernatürliche Offenbarung Gottes, keine Information von Gott über sich selbst, hier spräche also nicht Gott, sondern hier redeten nur Menschen. Die Bibel wäre nach dieser Auffassung grundsätzlich und vor allem im menschlichen Denken entstandene »Literatur«. Für diese Meinung gab es keine wissenschaftlich begründete Notwendigkeit. Es haben Menschen einfach beschlossen, dass mit der Bibel nicht anders umgegangen werden dürfe »... als mit anderen menschlichen Geisteswerken [...], das heißt als Einsicht aufgrund der Kenntnis gegebener Tatsachen. Zwangsläufig wird der Leser diese sogenannte ›Erkenntnis‹ als ein Forschungsergebnis ansehen, das sich durchgesetzt und allgemeine Anerkennung gefunden hat. Als Laie, der die Zusammenhänge nicht kennt, wird er das Gelesene akzeptieren, weil dahinter ja die ganze Autorität der Wissenschaft steht, in der sich die ›Erkenntnis‹ bereits vor Jahrhunderten durchgesetzt hat. *Auf diese Weise wird ein Mensch im Netz der Lüge gefangen. Die sogenannte Erkenntnis war in Wahrheit nur eine Entscheidung.* Eine Minderheit, klein an Zahl, wenngleich zur Elite des abendländischen Geistes gehörig, hat sich dafür entschieden, den Menschen als Maß aller Dinge anzusehen (Humanismus), und folgerichtig erkannte man nur noch das als Wahrheit an, was induktiv gewonnen wurde. *Das war die Entscheidung, die Wahrheit in Ungerechtigkeit darniederzuhalten.* Damit entschied man sich gegen Gottes Wort als geoffenbarte Wahrheit, für die Weisheit dieser Welt, die in ihrem Wesen *atheistisch* ist, auch wenn sie sich fromm gebärdet und den Namen Gottes im Munde führt. Diese Entscheidung, die Wahrheit in Ungerechtigkeit darniederzuhalten, die zunächst nur von einigen wenigen getroffen wurde, die sich selbst für weise hielten, hat sich inzwischen so weit durchgesetzt, dass heute in Deutschland selbst der letzte Grundschüler von ihr erreicht wird.« [62]

Trotzdem: Es ist bewiesen, dass die Bibel ohne Ausnahme glaubwürdig und tatsächlich ein Werk Gottes ist. Archäologie, Bibelforschung, Sprach- und Textwissenschaft lieferten die Fakten dafür und tun es immer noch.

Was tun also die, die sich an diese Beweise und an ihre eigene Erkenntnis halten und Gottes Wort tatsächlich als Gottes Wort verstehen und den darin gegebenen objektiven Zusagen vertrauen? Sie erleben Gottes Güte, seine Vergebung, seine Fürsorge, seine Liebe. Sie sehen, dass er handelt in ihrem Leben. Und sie wachsen im Glauben und erkennen, dass es eigentlich anders herum ist: dass nicht sie sich an etwas halten, sondern dass sie zuerst und vor allem von Gott gehalten werden. Und sie erzählen es weiter. Sie stehen zum Beispiel auf der Zeil, der großen Fußgängerzone mitten in Frankfurt am Main, und verkünden fröhlich: Das Leben ist schön! Das Leben ist schön, sagen diese Christen. Da kommt dann schon die eine oder andere Frage. Sind die wirklichkeitsfremd? Oder zynisch? Vom Obdachlosen in der Fußgängerzone und von jedem anderen, dem es alles andere als gut geht, müssen sich diese Christen doch fragen lassen: Von welchem schönen Leben redet ihr eigentlich? Und unterstellen wir diesen Christen, dass sie ihren Verstand nicht irgendwo entsorgt haben und die Wirklichkeit sehen, wie sie ist: Müssen sie sich nicht selbst fragen, ob sie einfach so in diese Welt gehen und forsch behaupten können, das Leben sei schön? Irgendwie läuft alles auf eine Frage hinaus: Von was für einem Leben reden die eigentlich?

Im erlebten Leben spielt die Qualität eine Rolle: der Grad des Wohlbefindens, geprägt durch materiellen Wohlstand, Bildung, Gesundheit, berufliche Chancen und Möglichkeit der Verwirklichung, befriedigende Beziehungen zu anderen, sozialer Status. Immerhin gibt es eine Definition: »Lebensqualität ist die subjektive Wahrnehmung einer Person über ihre Stellung im Leben in Relation zur Kultur und den Wertsystemen, in denen sie lebt, und in Bezug auf ihre Ziele, Erwartungen, Standards und Anliegen« (Weltgesundheitsorganisation). Das heißt kurz gesagt: Lebensqualität bedeutet für jeden etwas anderes, es ist immer die Qualität eines individuellen Lebens. In Afrika hat man über diese Qualität andere Vorstellungen als in Europa, in Asien andere als in Amerika. Aber grundsätzlich geht es jedem Menschen um Anerkennung und Identität. Das ganz natürliche Bedürfnis jedes Menschen nach Leben, nach Respekt, nach Selbstwert ist letztlich das Streben nach Anerkennung – jeder braucht die Bestätigung, dass ihn andere wahrnehmen, akzeptieren und respektieren. Das ist der wichtigste Faktor für die Bildung der eigenen Identität. Deshalb wird verglichen. Man schaut auf den anderen. Geht es ihm besser als mir? Schlechter? Bin ich besser dran oder er? Wir vergleichen, und daraus bekommen wir Informationen über unsere Stellung im sozialen Gefüge und für unsere Selbsteinschätzung. Wir brauchen die Mit-Menschen, weil wir unsere Identität nur im Umgang und in der Gemeinschaft mit anderen Menschen finden. Im Gemeinsamen, in dem, worin jeder Mensch gleich ist, sucht jeder seine Individualität – das Ungeteilte, das, was ihn und nur ihn ausmacht. Wir alle sind Menschen, aber ich bin ich. Der Mensch ist ein Beziehungs- und Gemeinschaftswesen, das Kontakt braucht zu anderen; jeder Mensch sucht deshalb Bestätigung, Zuwendung, Zuneigung und Annahme von außen, also die Zusicherung: Du bist okay! Wir finden uns selbst nur in beziehungsorientierter Gemeinschaft mit anderen. Aber das wird immer problematischer. Anerkennung, Bestätigung, Respekt, Zuwendung ist etwas, was ich haben möchte. Und am besten noch Ruhm, Ehre, Wohlstand, Erfolg, Fitness, Attraktivität, ewige Jugend und eine eigene Show im Fernsehen. Doch wenn der Egoismus durchschlägt, wenn eine Ich-AG gegründet wird, dann wird daraus Wettbewerb, Kampf oder sogar Krieg. Nehmen ist besser als Geben und man muss ja schauen, wo man bleibt. Es gibt eine philosophische Definition von Hölle: Hölle ist der Ort, an dem es nur die erste Person Einzahl gibt – ICH.

Wenn Egoismus und Selbstverwirklichung das bestimmende Konzept des Denkens, Handelns und Fühlens sind, dann ist alles möglich. Nur nichts Gutes. Schon vor 1.950 Jahren schrieb der Apostel Paulus: «Offenbar sind aber die Werke des Fleisches, welche sind: Ehebruch, Unzucht, Unreinheit, Zügellosigkeit; Götzendienst, Zauberei, Feindschaft, Streit, Eifersucht, Zorn, Selbstsucht, Zwietracht, Parteiungen; Neid, Mord, Trunkenheit, Gelage und dergleichen [...].» (Brief des Paulus an die Galater, Kapitel 5, Verse 19-21). Man darf ruhig Mord, Totschlag, Krieg, Gier und noch einiges mehr dazunehmen. Dostojewski hat in seinem Buch *Die Brüder Karamasow* geschrieben: »Wenn es keinen Gott gibt, dann ist alles erlaubt.« Da ist dann kein Platz mehr für das, was den Menschen im Innersten zusammenhält, das, wonach jeder sucht, das Eigentliche, das Wesentliche: Liebe. Ganz unten nämlich, unter einem Berg von enttäuschten Hoffnungen, seelischen Kränkungen und Verletzungen spricht ganz leise unser allermenschlichstes Bedürfnis: Ich möchte doch nur geliebt werden! Und zwar so, wie ich bin. Bedingungslos. Ohne dafür Leistung bringen zu müssen. Ohne mich verbiegen zu müssen. Ich möchte doch nur geliebt werden – einfach so.

Wenn Menschen auf Beziehung ausgerichtet sind und geliebt werden möchten, muss ein schönes Leben, von dem diese Christen auf der Frankfurter Zeil sprechen, etwas mit Beziehung und Liebe zu tun haben. Nein, nicht nur etwas. Sondern alles. Ein schönes Leben hat aus christlicher Sicht zu 100% mit Beziehung zu tun, weil es zu 100% von Liebe geprägt ist. Und da kommt jemand ins Spiel, ohne den das alles nicht geht: Gott. Die Bibel sagt, er ist Liebe. Aber ist er nur ein lieber Gott? Wie ein ganz lieber, aber schon etwas weltfremder Opa? Wer, was, wie ist Gott?

Wer, was, wie ist Gott?

Wenn man zur Kenntnis nimmt, dass die Bibel sinnvolle Aussagen macht über die Entstehung des Universums und des Lebens, wenn man registriert, dass die Bibel selbst stimmig und zuverlässig ist, dann kann man einen Schritt weitergehen und fragen: Was soll man eigentlich vom Gott der Bibel selbst halten? Welche Informationen gibt er über sich? Wer ist er, was ist er, was tut er, welche Eigenschaften besitzt er, wie ist sein Charakter? Was sagt die Bibel über ihn? Genauer gefragt: Was sagt er selbst über sich? Denn die Bibel als Wort Gottes ist nicht nur ein Buch über Gott, sondern ein Buch von Gott, hier spricht Gott selbst über sich. Biblisch gesprochen: Er offenbart sich, gibt sich zu erkennen und informiert über sich. Und der Mensch will begreifen. Und greift sehr oft ins Leere. Zu vielem, was Gott ist, wie er ist und was er tut, gibt es keine Entsprechung in der menschlichen Erfahrung. Gott ist unbegreiflich in dem Sinn, dass er sich nicht so erfassen lässt, wie er wirklich ist. Aber jetzt kommt ein ganz wichtiges Wort: trotzdem. Gott kann nicht vollständig begriffen und verstanden werden, *trotzdem* kann man ihn kennenlernen. Niemand kann sein gesamtes Wesen vollständig begreifen, so dass keine Fragen mehr bleiben. Trotzdem kann jeder so viel von Gott verstehen, dass er eine konkrete und richtige Gottesvorstellung haben kann. Aber erst der Glaube bringt den entscheidenden Schritt. Der Verstand allein führt nicht zum Glauben, nur wer glaubt, versteht auch. Nur im Glauben, im Vertrauen, ist zu erkennen, dass Gott tatsächlich existiert und welche lebenswichtige Bedeutung er für den Menschen hat. Was sagt nun die Bibel über Gott?

Gott ist Geist
Gott hat keine Gestalt, keinen Körper, keine materiellen Merkmale. Von Menschen kann er deshalb nicht über die körperlichen Sinnesorgane wahrgenommen werden, Menschen können ihn nicht so sehen, wie er ist.

Es gibt dazu einen Witz: »Solange ich Gott nicht sehen kann, leugne ich seine Existenz«, sagte ein Atheist zum Pfarrer. »Wenn das Ihr einziges Argument ist«, antwortete der, »dann leugne ich aus dem gleichen Grund Ihren Verstand.«

Gott ist Person
Gott ist Geist, aber trotzdem keine religiöse Idee, überirdische Intelligenz, kosmische Schwingung oder universelle Energie, im Gegenteil: Er besitzt Verstand, Wille und Gefühl. Seine Beziehung zur Schöpfung ist die eines Denkenden, eines Handelnden und eines Fühlenden. Das sind die Merkmale, die eine Person, ein Individuum, ein »Ich« ausmachen. Die Person Gottes wurde ganz konkret Wirklichkeit und sichtbar in der Person von Jesus Christus, der sagte: »Wer mich gesehen hat, der hat den Vater gesehen« (Johannes-Evangelium, Kapitel 14, Vers 9).

Nur: Gottes Verstand, sein Wille, seine Gefühle sind unbegrenzt. Gottes Person-Sein ist vollkommen. Er hat absolutes Selbstbewusstsein – er weiß, wer er ist. Er ist sich seiner Einzigartigkeit bewusst – er weiß, was er ist. Sein Wesen ist unveränderlich – er bleibt, wie er ist. Als Person kann Gott sich den Menschen mitteilen, und zwar so, dass sie ihn verstehen. Die Bibel sagt z.B. über ihn, dass er denkt, sieht, hört, spricht, plant, leidet, erschafft, lenkt, regiert, richtet, liebt. Der Mensch selbst ist ein weiterer Hinweis auf die Persönlichkeit Gottes. Im Gegensatz zu den Naturwissenschaften, nach denen sich Leben zufällig aus toter Materie gebildet hat, sagt die Bibel, dass Gott den Menschen geschaffen hat: »Lasst uns Menschen machen nach unserem Bild, uns ähnlich [...]« (1. Buch Mose, Kapitel 1, Vers

26). Und: »Da bildete Gott der Herr den Menschen, Staub von der Erde, und blies den Odem des Lebens in seine Nase, und so wurde der Mensch eine lebendige Seele« (1. Buch Mose, Kapitel 2, Vers 7).

Mit seinem Atem des Lebens gab Gott das an den Menschen weiter, was auch ihn selbst ausmacht: Verstand, Willen und Gefühl. Und damit Selbstbewusstsein, Selbstbestimmung, Entscheidungs- und Empfindungsfähigkeit. Der Mensch ist in dieser Hinsicht Gott ähnlich, in ihm wirkt das gleiche Muster, das gleiche Prinzip. Aber Gott ist eine vollkommene Person, der Mensch nicht. Sein Denken, sein Wille und sein Gefühl sind im Vergleich zu Gott nur in sehr viel abgeschwächter und gestörter Weise vorhanden. Deshalb hat es der Mensch immer mit einer falschen Ausrichtung seines Verstandes, seines Willens und seines Gefühls zu tun. Trotzdem steht der Mensch Gott näher als jedes andere Lebewesen. Nur der Mensch kann zu diesem lebenden, personalen Gott eine persönliche Beziehung haben.

Die Bibel gibt weiterhin auch Auskunft über die Eigenschaften Gottes:

Gott ist allmächtig
Einer der hebräischen Namen Gottes lautet *El Schaddai* – der Machthaber über alles. In über 350 Versen der Bibel wird Gott als *allmächtig* oder als *der Allmächtige* bezeichnet bzw. er sagt es selbst. Er hat die Macht, alles, was er will, wie er will, wo er will und wann er will, zu tun. Schon der erste Satz der Bibel beschreibt Gottes Macht: »Im Anfang schuf Gott Himmel und Erde.« Etwas ist aus Nichts entstanden. Ausschlaggebend war der Wille Gottes: *Und Gott sprach ...* heißt es bei der Erschaffung der Natur und des Menschen – *... und es wurde oder geschah so.* Gott spricht und drückt seinen Willen aus, und das genügt, damit das Gesagte Wirklichkeit wird. »Ja, ich habe es gesagt, ich führe es

auch herbei; ich habe es geplant, und ich vollbringe es auch« (Jesaja, Kapitel 46, Vers 11). Alles existiert, weil Gott bestimmte Dinge getan hat und andere nicht getan hat. Und das, was aktuell ist, unsere gesamte Wirklichkeit, ist so, weil Gott bestimmte Dinge tut und andere nicht, weil er bestimmte Umstände zulässt und andere nicht. Deshalb hängt alles an der Existenz Gottes, und alles ist mit ihm verbunden. Er ist die lebendige und handelnde Kraft, gibt der Welt Ziel und Zweck. Ohne Gott gäbe es kein Sein, keine Existenz, kein Leben, keine Wirklichkeit.

Der Gott, der absolute Verfügungsmacht über die Natur und den Menschen hat, müsste eigentlich bedrohlich sein. Er könnte unberechenbar und willkürlich in die Schöpfung eingreifen, so dass man nie weiß, was im nächsten Augenblick geschieht. Einem absoluten Herrscher ist man schließlich wehrlos ausgeliefert. Absolutistische Herrschaft oder Diktatur von Menschen über Menschen hatte immer Unterdrückung, Unfreiheit, Ungerechtigkeit, Unsicherheit, Willkür und Gewalt zur Folge. Aber die Allmacht Gottes ist geprägt durch sein Wesen. Die Bibel sagt über ihn: Gott ist gut. Alles, was von ihm kommt, ist gut. Er ist gerecht. Er ist gnädig. Er vergibt. Er macht keine Fehler. Er ist großzügig. Er ist Wahrheit, er lügt nicht. Er ist treu und zuverlässig. Es gibt nur einen, der fähig ist, ohne Ungerechtigkeit allmächtig zu sein: Gott. Denn die Macht, die Gott ausübt, entspricht immer seinem Wesen: Er ist gerechter Herrscher und liebender Helfer für alle, die sich ihm anvertrauen.

Gott ist allwissend
Es ist unmöglich, die Eigenschaften Gottes bis in die letzte Konsequenz zu erfassen und zu beschreiben. Das gilt auch für seine Allwissenheit. Wir können sagen, dass Gott sowohl über sich selbst als auch über alles andere vollkommenes Wissen hat, über alles, was tatsächlich und was möglich ist, über Vergangenheit, Gegenwart und Zukunft. Er besitzt diese Kenntnis sofort,

simultan und vollständig. Er weiß jederzeit alles, was die leblose Schöpfung, die belebte Kreatur und den Menschen betrifft. Er kennt jede Einzelheit der gesamten Schöpfung, die sich jemals ereignet hat, jetzt ereignet und ereignen wird. Ihm ist vollkommen bekannt, was jeder Mensch zu jeder Zeit gedacht hat, was er jetzt denkt und was er denken wird. Er kennt jedes Gefühl, jedes Bedürfnis, jeden Wunsch, jede vollzogene und jede unterlassene Handlung in Vergangenheit, Gegenwart und Zukunft. Die Bibel sagt, dass sein Verstand vollkommen, unermesslich und unerschöpflich ist. Gott weiß, was wirklich ist. Nur er weiß es. In nicht-gläubigen Menschen kann der Gedanke an einen allwissenden Gott unangenehme Gefühle auslösen. Vor jemandem komplett offen und nackt dazustehen, das braucht man nicht wirklich. Also wird auch der allwissende Gott entweder als Spinnerei, als sadistische Erfindung oder einfach als Blödsinn abgekanzelt. Gläubige – und sie sind wie alle anderen auch nicht perfekt – fühlen sich bei einem allwissenden und allmächtigen Gott bestens aufgehoben. Das kann man nur in einem Gebet sagen – das schönste stammt von David, im Psalm 139: »Herr, du erforschst mich und kennst mich! Ich sitze oder stehe auf, so weißt du es; du verstehst meine Gedanken von ferne. Du beobachtest mich, ob ich gehe oder liege, und bist vertraut mit allen meinen Wegen; ja, es ist kein Wort auf meiner Zunge, das du, Herr, nicht völlig wüsstest. Von allen Seiten umgibst du mich und hältst deine Hand über mir. Diese Erkenntnis ist mir zu wunderbar, zu hoch, als dass ich sie fassen könnte! Wo sollte ich hingehen vor deinem Geist, und wo sollte ich hinfliehen vor deinem Angesicht? Stiege ich hinauf zum Himmel, so bist du da; machte ich das Totenreich zu meinem Lager, siehe, so bist du auch da! Nähme ich Flügel der Morgenröte und ließe mich nieder am äußersten Ende des Meeres, so würde auch dort deine Hand mich führen und deine Rechte mich halten! Spräche ich: ›Finsternis soll mich bedecken und das Licht zur Nacht werden um mich her!‹, so wäre auch die Finsternis nicht finster für dich, und die Nacht leuchtete wie der Tag, die Finsternis [wäre für dich] wie das Licht. Denn du hast meine Nieren gebildet; du hast mich gewoben im Schoß meiner Mutter. Ich danke dir dafür, dass ich erstaunlich und wunderbar gemacht bin; wunderbar sind deine Werke, und meine Seele erkennt das wohl! Mein Gebein war nicht verhüllt vor dir, als ich im Verborgenen gemacht wurde, kunstvoll gewirkt tief unten auf Erden. Deine Augen sahen mich schon als ungeformten Keim, und in dein Buch waren geschrieben alle Tage, die noch werden sollten, als noch keiner von ihnen war.«

Für Gläubige bedeutet die Allwissenheit Gottes Vertrauen und Trost, Hilfe und notwendige Korrektur. Er wacht über sie, kennt ihre Probleme und Notlagen. Und er meint es gut mit ihnen – und greift oft genug ein. Deshalb kann David am Schluss seines Gebets sagen: »Erforsche mich, Gott, und erkenne mein Herz; prüfe mich und erkenne, wie ich's meine. Und sieh, ob ich auf bösem Wege bin, und leite mich auf ewigem Wege.« David war übrigens alles andere als ein Saubermann. Die Bibel berichtet zum Beispiel von einem Seitensprung des verheirateten Königs mit einer Nachbarin, die prompt schwanger wurde. Deren Mann war ein Offizier Davids. David stellte ihn in der nächsten Schlacht in die vorderste Reihe und befahl den anderen Kämpfern, ihn dort allein zu lassen. Er wurde getötet, und David konnte dessen Witwe heiraten. Trotz dieser und anderer Fehltritte gilt David als ein Liebling Gottes. Denn er hat an Gott festgehalten. Nach allen Sünden ist er zu Gott zurückgekehrt, er hat seine Sünden erkannt und vor Gott bekannt. Schon bevor David König wurde, sagte Gott: »Ich habe David gefunden, den Sohn Isais, einen Mann nach meinem Herzen [...]« (Apostelgeschichte, Kapitel 13, Vers 14). Gott, der allwissend ist, sieht das Schlechte im Menschen. Aber er kann alles zum Guten drehen – wenn man ihn lässt.

Gott ist allgegenwärtig
Wie Gott unbegrenzt ist in seiner Macht und seinem Wissen, so besitzt er auch unbegrenzte Präsenz. Gott ist überall. Die gesamte Schöpfung ist von ihm erfüllt, Himmel und Erde, das Unsichtbare und das Sichtbare. Die Schöpfung wurde durch den Willen Gottes und durch seine Macht erschaffen, sagt die Bibel. Aber Bestand hat sie, weil der Schöpfer in ihr ist und sie hält. Vor allem aber meint Allgegenwart, dass Gott den Menschen nicht aus den Augen verliert. Wer Gott vertraut, für den ist das ein Trost und gibt ihm Hoffnung. Er kann sich überall auf Gott verlassen. Wo ich auch bin, ist Gott. Und es gibt keine bessere Hilfe als ein allmächtiger, allwissender Gott, der immer da ist. Das drückt einer der bekanntesten Psalmen aus: »Der HERR ist mein Hirte, mir wird nichts mangeln. Er lagert mich auf grünen Auen, er führt mich zu stillen Wassern. Er erquickt meine Seele. Er leitet mich in Pfaden der Gerechtigkeit um seines Namens willen. Auch wenn ich wandere im Tal des Todesschattens, fürchte ich kein Unheil, denn du bist bei mir; dein Stecken und dein Stab, sie trösten mich. Du bereitest vor mir einen Tisch angesichts meiner Feinde; du hast mein Haupt mit Öl gesalbt, mein Becher fließt über. Nur Güte und Gnade werden mir folgen alle Tage meines Lebens; und ich kehre zurück ins Haus des HERRN lebenslang« (Psalm 23).

Für den Gläubigen ist Gott der Einzige, der hilft, wenn niemand mehr helfen will oder kann. Er ist der Einzige, der antwortet, wenn alle anderen schweigen. Er ist der Einzige, der da ist, wenn sich alle anderen wegducken. Bei wem oder was bedankt sich eigentlich ein Atheist, wenn er nach einem üblen Frontalzusammenstoß unverletzt aus dem Auto steigt und die Polizei von »Wunder« oder »Schutzengel« spricht? Welche Erklärung hat der Atheist? Bedankt er sich beim »Glück«? Beim »Zufall«? Beim »Schicksal«? Wenn er nicht an Gott glaubt, glaubt er dann an solche übernatürlichen Erklärungsversuche? Wenn er auch davon nichts wissen will – was wahrscheinlich ist –, dann steht er neben seinem kaputten Auto und weiß nicht, warum er noch lebt. Und wird sich unendlich einsam fühlen. Denn: »Es gibt da draußen niemanden, dem ich danken könnte«, wie der atheistische Philosoph Daniel Dennett sagt. [63]

Wenn Gott aber allgegenwärtig ist, heißt das auch: Man kann ihn zwar ignorieren, aber nicht aus der Welt schaffen.

In den 70er-Jahren spielte beim FC Schalke 04 ein Außenstürmer namens Reinhard Libuda. Er galt damals als einer der besten Rechtsaußen, vor allem, weil er einen Trick besonders gut drauf hatte: rechts antäuschen, dann blitzschnell links am Gegenspieler vorbeiziehen. Das hatte er beim legendären englischen Fußballer Stanley Matthews abgeschaut und perfektioniert. Bald wurde aus Reinhard Libuda *Stan Libuda*. Eines Tages wurde in Gelsenkirchen eine christliche Großveranstaltung angekündigt und auf den Plakaten stand: An Gott kommt keiner vorbei. Ein Schalke-Fan kritzelte darunter: Außer Stan Libuda! Der erste Satz stimmt. Der Mensch kann Gott nicht aus der Welt schaffen oder für tot erklären oder austricksen. Gott ist. Punkt. Während Gläubige im allgegenwärtigen Gott die mächtigste Hilfe sehen, die es gibt, ist er für alle anderen ein Ärgernis oder einfach nur Unsinn. Gleichzeitig gibt es einen starken Trend zum Übersinnlichen. Der ehemalige Ratsvorsitzende der Evangelischen Kirche in Deutschland, Wolfgang Huber, sagte in einem Interview: »Man will ein Gefühl der Erhabenheit, aber es soll einem nicht zu nahe kommen. In Deutschland glauben heute mehr Menschen an Engel als an Gott. Sie wollen ein Gefühl des Behütetseins haben, aber nicht dabei gefordert sein. Sie wollen bewahrt sein, aber nicht zur Rechenschaft verpflichtet. Der Glaube soll mir etwas geben, aber möglichst nichts fordern.« [64]

Es ist nicht unbedingt der Glaube, der fordert oder etwas geben kann. Sondern Gott. Genauer gesagt: Jesus. Und was fordert er? »Bittet, so wird euch gegeben; suchet, so werdet ihr finden; klopfet an, so wird euch aufgetan« (Matthäus-Evangelium, Kapitel 7, Vers 7).

Gott ist allgegenwärtig, also kommt an Gott keiner vorbei. Und deshalb muss man auch nicht lange suchen, um Ruhe zu finden für die Seele und einen Frieden, den die Welt nicht bieten kann. Man muss Gott nicht lange fragen: Wo bist du? Sondern es reicht zu sagen: Hier bin ich. Den Rest kann man entspannt ihm überlassen. Es ist ein Versuch wert.

Die Bibel nennt noch eine weitere Eigenschaft Gottes:

Gott ist ewig
Der Mensch denkt in den drei Zeit-Dimensionen Vergangenheit, Gegenwart und Zukunft, deshalb wird ihm die zeitlose Ewigkeit Gottes ein Rätsel bleiben. Man kann aber Folgendes sagen: Bevor Gott Himmel und Erde erschaffen hat, gab es ihn schon. Es gab also eine Zeit, in der es nichts gab außer Gott. Er existiert immer, ohne Ende. Es wird nie eine Zeit geben, in der es Gott nicht gibt. Er wurde nicht erschaffen, er wird nie sterben. Er sagt von sich: Ich bin, der ICH BIN. Das bedeutet: ewige Existenz. In menschlichen Begriffen ausgedrückt war Gott (in der Vergangenheit), ist er (jetzt) und wird immer sein (in der Zukunft). Aber Gottes Existenz geht weit darüber hinaus. Er umfasst die Zeit. Vergangenheit, Gegenwart und Zukunft verlieren in ihm ihre Bedeutung, er lebt in allen drei Zeitdimensionen gleichzeitig. Und so steht die Zeit für ihn still. Aber dann kann man nicht mehr von Zeit sprechen, sondern von unveränderlichem göttlichem Sein. So, wie Gott allgegenwärtig ist, also den Raum füllt, so ist er auch ewig, weil er die Zeit füllt.

Aus dem bisher Gesagten ergibt sich für kritische Betrachter folgendes Bild von Gott: Er ist Geist.

Das ist auch für die meisten, die keine Beziehung zu ihm haben, akzeptabel. Das Übersinnliche befindet sich logischerweise jenseits der Sinne, und dort kann man den Gott der Bibel gerne belassen. Dort ist er auch weit genug weg und tut keinem was.

Gott ist eine Person mit Verstand, Willen und Gefühl. Das abzunicken, macht viel mehr Mühe. Gott existiert als unsichtbarer Jemand, der weiß, wer er ist, was er ist und wie er ist. Also wie ein Mensch, nur in ganz anderen, nicht vorstellbaren Dimensionen. Aber durch sein Person-Sein rückt Gott in die Nähe des Menschen, er besitzt etwas, was der Mensch auch hat – Persönlichkeit, Verstand, Willen und Gefühl. Da gibt es eine Gemeinsamkeit. Gott als Geist ist noch weit weg, aber Gott als Person macht ihn erkennbar, greifbar, er kann sich dem Menschen mitteilen. Trotzdem ist er nicht vollständig begreifbar. Gläubige haben damit kein Problem, alle anderen schon.

Gott ist allmächtig. Das hört sich nicht gut an. Jemand, der die absolute Macht über Leben und Tod aller anderen besitzt, wird als extrem bedrohlich empfunden. Gott als Person kann man sich schlecht vorstellen. Aber einen Gott, dem man total ausgeliefert wäre, will man sich gar nicht vorstellen.

Gott ist allwissend. Wer soll das begreifen? Jedenfalls können manche nicht-gläubige Menschen die Allwissenheit Gottes unter Umständen noch stehen lassen – wenn seine Allwissenheit keine Konsequenzen hat. Ein allwissender Gott, der seine Macht nicht benutzt, um Fehlverhalten sofort zu bestrafen, wäre noch im grünen Bereich. Aber normalerweise erwartet man von einem Gott, der alles weiß, eher Unangenehmes. Deshalb wird die Allwissenheit Gottes – wie seine Allmacht auch – gerne als religiöser Quatsch eingestuft. Und was es nicht gibt, macht auch keine Probleme.

Gott ist allgegenwärtig. Na ja, also vor allem möchte man nicht, dass jemand bei allem dabei ist, was man tut. *Big God is watching you*, ist unangenehm. Will man nicht haben.

Gott ist ewig. Man kann die Vorstellung von Ewigkeit als Unsinn abtun. Andererseits hat man von einem Gott, der ewig lebt, nicht die Vorstellung, dass das etwas Unangenehmes ist. Ein ewiger Gott ist nicht direkt störend, im Hier und Heute nicht bedrohlich. Also gut, meinen Glaubenszweifler, dann ist dieser Gott halt ewig.

Grundsätzlich hat man es beim Gott der Bibel mit einer Geistperson zu tun, die vollständige Verfügungsmacht über Mensch und Natur und vollständiges Wissen besitzt, die immer und überall anwesend ist und ewig existiert. Dabei provoziert vor allem seine absolute Macht eine Frage: Wie übt er sie aus? Die Tatsache der absoluten Herrschaft beschreibt die grundsätzliche Fähigkeit eines Herrschers. Entscheidend ist aber sein Charakter. Er kann bösartig sein, brutal und unberechenbar – dann ist er ein grausamer, absoluter Tyrann. Oder er ist ein absoluter Herrscher, der weiß, was gut und richtig ist, der das Gute und Richtige tut und das Gute und Richtige vom Menschen erwartet.

Aber jetzt die nächste Charaktereigenschaft Gottes:

Gott ist Liebe. Gerade wer keine Beziehung zu Gott hat, sagt: Endlich! Endlich mal eine Aussage über Gott, bei der man nicht zuckt. Alles andere ist entweder nicht wirklich zu verstehen oder unangenehm oder beides. Aber Gott ist Liebe, das ist mal etwas Positives. Damit kann man was anfangen. Aber wir haben es immer noch mit Gott zu tun. Es ist damit zu rechnen, dass bei ihm auch im Bereich Liebe einiges anders ist. Im normalen Leben wird das Wort für alles Mögliche gebraucht. Gut, da gibt es die schönste, tiefste und wertvollste Liebe – die zwischen Mann und Frau, und die Kinderliebe. Man kann aber auch von Tierliebe, von der Liebe zum Beruf, zur Natur, zur Musik reden, man kann Rotwein lieben oder die italienische Küche. Aber die Liebe ist nicht unbedingt etwas Beständiges. Sogar in ihrer innigsten

Form, der zwischen Mann und Frau, kann man sich nicht auf sie verlassen. Immerhin sind über 40% der frisch Getrauten in Deutschland nach zehn Jahren schon wieder getrennt. Das schönste, stärkste, tiefste Gefühl, zu dem der Mensch fähig ist und das ihn erst zum Menschen macht, erweist sich als unsicher und zerbrechlich. Da muss man sich fragen: Ist das beim Gott der Bibel dann auch so? Im ersten Brief des Johannes steht: »Gott ist die Liebe« (Kapitel 4, Vers 8 und 16). Es heißt nicht »Gott liebt« oder »Gott hat besonders viel Liebe« und erst recht nicht »Gott ist ein lieber Gott«. Das könnte man auch über Menschen sagen. »Gott ist die Liebe« geht weit darüber hinaus: Es drückt die Vollkommenheit Gottes aus, die sich auch in vollendeter, bedingungsloser Liebe zeigt. Gott hat nicht Liebe, sondern die vollkommene, reine Liebe hat einen Namen: Gott. Er ist Liebe in Person. An dieser Liebe ist nichts Unsicheres, nichts Schwankendes. Die Liebe Gottes ist und bleibt ewig. Das sollte aber nicht zu falschen Schlussfolgerungen führen: Gott ist kein supergütiger, aber leicht weltfremder Opa, der auch den größten Mist seiner Kinder mit grenzenlosem Verständnis absegnet. Denn die Liebe Gottes verbindet sich mit anderen Eigenschaften: Heiligkeit und Gerechtigkeit. Das größte Problem macht der Begriff *heilig*. Im normalen Wortschatz kommt er nicht vor, im Leben der Menschen spielt Heiligkeit keine Rolle. Man hat vielleicht von Heiligsprechungen gehört, aber das sind religiöse Sonderformen und sie liegen nicht auf der Linie der biblischen Lehre. Der Einzige, dem die Eigenschaft *heilig* zusteht, ist natürlich Gott. Dass er der Heilige ist, bedeutet: Die Existenz Gottes, sein Wesen und sein Charakter sind einzigartig, mit nichts sonst zu vergleichen. Es ist die Vollkommenheit seiner Reinheit und Macht, durch die er der Heilige, der Ausgesonderte ist. Denn der hebräische Begriff für heilig, *qadosch*, bedeutet, »ausgesondert« und »abgegrenzt« sein von jeder anderen Existenz – also vom Menschen und der Kreatur. Gott ist abgesondert von der Schöpfung, denn er ist nicht von ihr abhängig, er steht über ihr, hat sie erschaffen und hält sie in Existenz, solange er will.

Gott ist aber auch heilig, anders als die Menschen und abgesondert von ihnen, weil nur er vollkommen gerecht ist. Das bedeutet: Gott ist kompromisslos gut. In ihm ist nichts Böses. Er tut immer das Richtige und Rechte. Der Rahmen, in dem sich Gott bewegt und in den auch die Menschen hineinkommen und in dem sie bleiben sollen, heißt Gerechtigkeit. Sie ist die Praxis der Heiligkeit Gottes. Mit Heiligkeit wird das Wesen Gottes beschrieben, aber im direkten Umgang mit den Menschen zeigt sie sich in Gottes Gerechtigkeit. So, wie der praktische Beweis von Gottes Liebe die Gnade ist.

Gerechtigkeit braucht aber einen Maßstab, eine Norm, an der sie gemessen werden kann. Und das ist Gott selbst: Er ist Gerechtigkeit, wie er Liebe ist. Was erwartet nun Gott vom Menschen? Er erwartet Liebe: »Und du sollst den Herrn, deinen Gott, lieben mit deinem ganzen Herzen und mit deiner ganzen Seele und mit deiner ganzen Kraft« (Markus-Evangelium Kapitel 12, Vers 30 / Zitat aus dem Alten Testament, 5. Buch Mose, Kapitel 6, Vers 5).

»Gott lieben« geht jedoch über eine rein gefühlsmäßige, innige Zuwendung hinaus. Denn Gott hat es gerne praktisch. Die Liebe des Menschen gegenüber Gott soll sich vielmehr im Gehorsam beweisen, in der Erfüllung der Gesetze Gottes, also in der Tat, im Tun. Denn vor Gott sind nicht gerecht, die das Gesetz hören, sondern die das Gesetz tun. Was damit genau gemeint ist, schreibt der Apostel Paulus in seinem Brief an die Römer: »Seid niemand etwas schuldig, außer dass ihr einander liebt; denn wer den anderen liebt, hat das Gesetz erfüllt. Denn die [Gebote]: ›Du sollst nicht ehebrechen, du sollst nicht töten, du sollst nicht stehlen, du sollst nicht falsches Zeugnis ablegen, du sollst nicht begehren‹ – und welches andere Gebot es noch gibt – werden zusammengefasst in diesem Wort, nämlich: ›Du sollst deinen Nächsten lieben wie dich selbst!‹ Die Liebe tut dem Nächsten nichts Böses; so ist nun die Liebe die Erfüllung des Gesetzes« (Römerbrief, Kapitel 13, Verse 8-10). Der Mensch soll Gott lieben. Wenn er Gott liebt, dann liebt er auch Gottes Gerechtigkeit, verhält sich deshalb auch gegenüber seinen Mitmenschen richtig und erfüllt so das zweite große, grundsätzliche Gebot: »[...] Du sollst deinen Nächsten lieben wie dich selbst« (Matthäus-Evangelium Kapitel 22, Vers 39, aber auch schon im Alten Testament im 3. Buch Mose, Kapitel 19, Vers 18). Wie diese Liebe konkret aussieht, beschreibt der Apostel Paulus in seinem 1. Brief an die Korinther, dem berühmten *Hohelied der Liebe*: »Wenn ich in Sprachen der Menschen und der Engel redete, aber keine Liebe hätte, so wäre ich ein tönendes Erz oder eine klingende Schelle. Und wenn ich Weissagung hätte und alle Geheimnisse wüsste und alle Erkenntnis, und wenn ich allen Glauben besäße, so dass ich Berge versetzte, aber keine Liebe hätte, so wäre ich nichts. Und wenn ich alle meine Habe austeilte und meinen Leib hingäbe, damit ich verbrannt würde, aber keine Liebe hätte, so nützte es mir nichts! Die Liebe ist langmütig und gütig, die Liebe beneidet nicht, die Liebe prahlt nicht, sie bläht sich nicht auf; sie ist nicht unanständig, sie sucht nicht das Ihre, sie lässt sich nicht erbittern, sie rechnet das Böse nicht zu; sie freut sich nicht an der Ungerechtigkeit, sie freut sich aber an der Wahrheit; sie erträgt alles, sie glaubt alles, sie hofft alles, sie erduldet alles« (Kapitel 13, Verse 1-7).

Und in Vers 13: »Nun aber bleiben Glaube, Hoffnung, Liebe, diese drei; die größte aber von diesen ist die Liebe.« Doch unter dieser Liebe ist keine menschliche Tugend zu verstehen, die man sich mühevoll erarbeiten muss. Die Liebe, die Paulus meint, hat eine ganz andere Qualität: Es ist die göttliche und von Gott geschenkte Liebe, die durch den Heiligen Geist im Gläubigen lebt. Ohne diese Liebe im Menschen ist alles nichts: Nichts hat einen wirklichen Wert, nichts macht Sinn, nichts ist und nichts wird tatsächlich gut.

Gott liebt also Menschen, die gerecht sind, weil sie seine Liebe erwidern und mit seiner Liebe andere lieben.

Menschen, die noch fragen, wer, wie und was dieser Gott der Bibel ist, bekommen viele Informationen. Die Bibel macht aus seinen Fähigkeiten und seinem Charakter einerseits kein Geheimnis, andererseits übersteigen sie natürlich die menschliche Vorstellungskraft. Der nächstliegende Ansatzpunkt, eine Beziehung zu Gott zu wagen, ist seine Liebe. Wem die Allwissenheit, die Allgegenwart, die Heiligkeit und Ewigkeit Gottes unverständlich oder weit hergeholt erscheinen, der kann damit beginnen, sich an den Gott der Liebe zu halten und dem liebenden Gott zu vertrauen.

Auch im täglichen Leben kommt niemand ohne Vertrauen aus. Man geht morgens aus dem Haus im Vertrauen darauf, dass einem kein Dachziegel auf den Kopf fällt. Man fährt zur Arbeit in der unbewussten Zuversicht, dass man heil ankommt. Man kommt nach Hause im Vertrauen, dass alles in Ordnung ist. Jeder Tag im Leben eines Menschen ist ein Tag voller Vertrauen, ob man es weiß oder nicht. Im Grunde geschieht das Leben hauptsächlich im Vertrauen, das heißt auf der Basis fehlender oder unsicherer Informationen.

Was hindert nun Menschen daran, einem Gott zu vertrauen, der über sich so viele Informationen gibt und auch noch versichert und garantiert, dass er Liebe ist und diese Liebe auch schon mit dem Tod Jesu am Kreuz bewiesen hat? Es braucht nur eins: die Entscheidung für die Liebe. Das Angebot steht. Und bleibt, solange der Mensch lebt. Was hindert also Menschen daran, der Liebe dieses einen Gottes zu vertrauen? Die Bibel nennt nur einen Grund. Ausgedrückt wird er in einem Begriff, der im normalen Wortschatz der Menschen schon lange nicht mehr existiert: Sünde.

Sünde. Sünde?

Gott hat den Menschen dazu erschaffen, in engster Gemeinschaft mit ihm zu leben. Wenn die Bibel eine vertrauenswürdige Informationsquelle ist – und das darf man annehmen –, dann lebten die ersten erschaffenen Menschen in totaler Übereinstimmung mit Gott: Sie waren absolut glücklich, ernährten sich, ohne im Schweiße ihres Angesichts dafür arbeiten zu müssen, besaßen Verstand, Willen und Gefühl, genossen Frieden und Freiheit bei Gott. Körper, Geist und Seele waren in absoluter Harmonie, und in diesem vollkommenen Gleichgewicht war auch ihr Verhältnis zu Gott. Die ersten Menschen waren Gott ähnlich, ihre Gene waren sozusagen göttlicher Art: »Und Gott sprach: Lasst uns Menschen machen nach unserem Bild, uns ähnlich; die sollen herrschen über die Fische im Meer und über die Vögel des Himmels und über das Vieh und über die ganze Erde, auch über alles Gewürm, das auf der Erde kriecht! Und Gott schuf den Menschen in seinem Bild, im Bild Gottes schuf er ihn; als Mann und Frau schuf er sie« (1. Buch Mose, Kapitel 1, Verse 26-27). Das wird noch genauer beschrieben: »Da bildete Gott der Herr den Menschen, Staub von der Erde, und blies den Odem des Lebens in seine Nase, und so wurde der Mensch eine lebendige Seele« (1. Buch Mose, Kapitel 2, Vers 7). »Und Gott sah alles, was er gemacht hatte, und siehe, es war sehr gut« (1. Buch Mose, Kapitel 1, Vers 31). So wurden der Mensch und sein Paradies erschaffen, und so hätte es ewig bleiben sollen. Denn das ist der von Gott gewollte Zustand für den Menschen: in vollkommener Liebe mit Gott vereint zu sein. Das war der Sinn des Lebens für die Menschen. Und das gilt immer noch. Dafür, dass wir uns heute nicht mehr in einem so paradiesischen Zustand befinden und dass der Mensch es fertig bekommt, ohne die geringste Beziehung zu Gott zu leben, gibt es eine Ursache: die erste Sünde.

Die Liebe Gottes, seine Heiligkeit und Gerechtigkeit trafen auf die Entscheidungsfreiheit der ersten Menschen. Gott gab ihnen alle Freiheiten, außer einer: »[...] aber von dem Baum der Erkenntnis des Guten und des Bösen sollst du nicht essen; denn an dem Tag, da du davon isst, musst du gewisslich sterben« (1. Mose, Kapitel 2, Vers 17). Adam und Eva haben sich dagegen entschieden. Dieser Baum war zu interessant, also haben sie gleich das erste Gesetz missachtet, das Gott überhaupt aussprach. Sie haben vom Baum der Erkenntnis des Guten und Bösen gegessen. Sie haben sich dazu verführen lassen.

Die ersten Menschen hatten Entscheidungsfreiheit. Und sie haben die falsche Wahl getroffen. Sie haben eine Grenze überschritten, eine Anleitung missachtet, ihren eigenen Willen durchgesetzt und nicht den Willen Gottes beachtet. In biblischer Sprache heißt das *sündigen*. Das griechische Wort, das in der Bibel für Sünde gebraucht wird, ist *harmatanein* und bedeutet »das Ziel verfehlen« bzw. »einen falschen Weg gehen«. Die Entscheidung von Adam und Eva, sich von Gott abzuwenden, diese Sünde ist in das Wesen des Menschen eingedrungen und hat von ihm Besitz ergriffen. Aber weil Gott heilig ist, kann er das Gegenteil von heilig, nämlich das Sündhafte, nicht neben sich dulden. Deshalb musste Gott sich von der Sünde trennen und deshalb zerstörte die Sünde von Adam und Eva das ewige Leben mit Gott, das er für den Menschen vorgesehen hatte. Auch Menschen handeln so. Jemand, der kein Instrument spielen kann, wird bei den *Berliner Philharmonikern* keine Chance haben, nicht einmal in der Blaskapelle von Unterochsenhausen. Die Sünde der ersten Menschen war deshalb ein dramatischer Einschnitt in ihr Leben: die geistliche Trennung von Gott. Das war damit gemeint, als Gott sagte: »[...] denn an dem Tag, da du davon isst, musst du gewisslich sterben.« Der nicht-materielle Teil des Menschen stand in engster Beziehung zu Gott, der Geist des Menschen war vollkommen auf Gott ausgerichtet und mit ihm verbunden. Der Odem oder Atem des Lebens, den Gott bei der Erschaffung des Menschen in ihn eingehaucht hat, ist die belebende Kraft Gottes im Menschen. Dieser Geist ist nicht mit dem Verstand des Menschen zu verwechseln, sondern ist der Geist Gottes, der den Menschen gottähnlich gemacht hat. Durch die Sünde starb der Mensch geistlich. Das heißt: Sein vollkommen gottähnliches Wesen hörte auf zu existieren, und der Mensch reagierte nicht mehr auf die Liebe Gottes. Nicht getötet, aber in Mitleidenschaft gezogen wurden durch die Trennung von Gott auch die körperlichen, emotionalen und verstandesmäßigen Funktionen des Menschen. Vor allem aber ist er jetzt »verflucht« zu sterben. Im Vergleich zum Zustand der ersten Menschen vor dem Sündenfall ist der Mensch heute ein stark defizitäres Wesen. Sein Denken, Fühlen und Wollen befindet sich in einem sehr mangelhaften Zustand. Ohne die enge Verbindung zu Gott fehlt dem Menschen der einzig richtige Maßstab, es fehlt die wirkliche Liebe, es fehlen die wahre Gerechtigkeit und Weisheit. Ein von Gott getrennter Mensch lebt so, als ob er das wichtigste Wesen im Universum wäre. Und er hat sich neue, andere Götter geschaffen: zum Beispiel Macht, Geld und Sex. Ganz wichtig ist ihm seine Freiheit geworden. Doch grenzenlose Freiheit führt über die Orientierungslosigkeit in die Maßlosigkeit und schließlich in die Selbstzerstörung. Das gilt für alle Bereiche des Lebens.

Auch sein moralisches Handeln hat sich verirrt, beim Menschen sind Gut und Böse durcheinander gemischt. Er erfährt Gutes als auch Böses durch andere Menschen, schwankt aber auch selbst zwischen beiden Polen. Ohne Gott ist der Mensch nicht in der Lage, nur das Gute zu tun und das Böse zu lassen.

Gerade im westlichen Kulturkreis ist man seit Längerem zur Überzeugung gelangt, dass es auch ohne Gott geht. Die Naturwissenschaft versucht, ohne ihn auskommen, um die Entstehung des

Menschen zu erklären. Die Philosophie betrachtet ihn als erledigt und sagt mit Nietzsche: Gott ist tot.

Aber wenn man Gott, also das Wesentliche, vom Menschen abzieht, bleibt nur ein Mängelwesen übrig. Ein Gebilde, das im Innersten seines Wesens tot ist, aber doch lebt. Entstanden durch irgendeinen Zufall. Existierend, ohne zu wissen warum. Lebend, ohne zu begreifen wozu. Orientierungslos und deshalb vor allem mit sich selbst beschäftigt. Wobei dieser Mensch sich immer mehr selbst verliert. Denn ihm fehlt der Sinn, der Sinn-Gebende und das Sinn-Machende, ihm fehlt der einzig richtige, geeichte Maßstab. Ihm fehlt Gott. Denn der einzige Ort, an dem der Mensch leben sollte, ist bei Gott. Der Gott, der ihn unendlich viel stärker liebt, als Menschen sich vorstellen können. Sozusagen in *einem* Haus mit Gott, unter *einem* Dach mit ihm unbegrenzt und ewig glücklich zu sein, dazu wurde der Mensch erschaffen. Doch seit seiner bewussten Trennung von Gott lebt der Mensch weit außerhalb des Hauses. Er macht draußen Camping, er ist zum Dauercamper am falschen Platz geworden. Und meint sogar, dass das seine eigentliche Heimat sei, solange er lebt. Er ist überzeugt davon, dass das Einzige, was er hat, dieses irdische Leben ist. Deshalb bleibt ihm nichts anderes übrig, als sechzig, siebzig oder achtzig Jahre durchzuhalten und in dieser Zeit einigermaßen über die Runden zu kommen – oder auch so viel aus dem Leben herauszuquetschen, wie es nur geht. Der physische Tod bedeutet dann nur das Ende von allem. Dagegen sagt die Bibel, dass Gott dem Menschen seine Identität gegeben hat; sein Wert, seine Würde, seine Bestimmung stammen von Gott. Der Mensch ist eine lebende Seele und besitzt eine unvergängliche Existenz. Er ist von Gott gewollt, geschaffen, geliebt und vor allem dazu bestimmt, trotz Trennung wieder zu ihm zurückzukommen. Um endlich – und dann endgültig – als glückliches Ebenbild Gottes mit ihm zu leben. Und zwar ewig, untrennbar, in vollkommener Harmonie.

Der aktuelle Befund über den Menschen ist zunächst einmal deprimierend, weil er in der Sünde getrennt ist von Gott. »Was können wir über ihn sagen? Nun, die beste Beschreibung, die ich je gelesen oder gehört habe, stammt von einem alten Puritaner, von John Howe. Er sagte, dass ihn der Mensch, so wie er uns als Folge des Sündenfalls begegnet, an das eine oder andere dieser großen Gebäude erinnert, die man in London und in anderen fernen Ländern sehen kann. Einst gab es einen großartigen Palast, der jetzt nicht mehr ist als eine Ruine, und außen ist ein Schild angebracht, auf dem steht: Vor Jahrhunderten wohnte hier einmal dieser und jener König. Nun, als Ergebnis des Sündenfalls steht über dem Menschen geschrieben: Hier wohnte einmal Gott.« [65] Doch Gott hat den Menschen nicht aufgegeben. Gott ist Liebe. Das ist die Hoffnung des Menschen. Gott hat einen sehr dringenden Grund, hinter dem Menschen her zu sein. Denn es gibt wegen der aktuellen Trennung des Menschen von Gott ein grundsätzliches Problem: weil der Mensch nicht nur eine *lebende* Seele, sondern auch eine *ewige* Seele ist. Was Gott in den Menschen eingehaucht hat, der Odem, ist Geist vom ewigen Gott. Der Mensch ist für die Ewigkeit geschaffen, aber für die Ewigkeit mit Gott. Deshalb möchte Gott die Wiedervereinigung des Menschen mit ihm. Darauf arbeitet er hin. Nicht weil Gott den Menschen unbedingt bei sich braucht, sondern weil er ihn liebt. Doch Gott kann nicht mit Sünde zusammenleben, erst recht nicht ewig. Das Problem ist nun: Was geschieht mit dem Menschen als ewig lebender Seele, wenn sie eine sündige Seele ist, also nicht zu Gott zurück kann? Was wird aus ihr? Es geistern Begriffe herum, die jeder schon gehört hat: Hölle, Fegefeuer, ewige Verdammnis. In der Bibel selbst heißt der Ort *Feuersee*. Wie auch immer, eins scheint klar zu sein: Eine von Gott getrennte, aber ewig lebende Seele endet dauerhaft in einem äußerst qualvollen Zustand. Aber nicht, weil Gott es wollte. Im Gegenteil, Gott möchte jeden Menschen bei sich haben, dort ist sein Paradies, sein eigentlicher Lebensraum. Nur dort ist der Mensch zu Hause.

Wer nichts davon wissen will, hat sich gegen seine ewige Bestimmung entschieden. Und das – so könnte man auch im normalen Sprachgebrauch sagen – ist die Hölle. Die Liebe Gottes als Substanz der menschlichen Seele ist für immer unerreichbar. Niemand weiß, in welchem Zustand dann der Mensch ist. Es gibt auf der Erde keine vorstellbare, vergleichbare Situation, die so furchtbar ist wie die ewige, endgültige Trennung von Gott. Es gibt auf der Erde aber auch keine vorstellbare, vergleichbare Situation, die so herrlich ist wie das Leben in der Ewigkeit bei Gott. Die alles entscheidende, lebenswichtige Frage lautet deshalb: Wie kommt der Mensch zurück zu Gott – wenn er will? Was kann ihn aus der Trennung herauslösen? Wie bekommt er hier und jetzt, so wie er ist, wieder Verbindung zu seiner ursprünglichen Lebenssubstanz? Und wie erreicht er wieder das innige, ewige Verhältnis zu Gott, wie kommt er wieder in den Zustand, für den er geschaffen wurde? Oder anders gefragt: Wie entgeht er dem, was die Bibel »ewige Verdammnis« nennt?

Jetzt kommt Jesus

Es ist der Wille Gottes, dass jeder Mensch gerettet wird. Es ist der Ausdruck seiner Liebe, dass jeder Mensch nach seinem physischen Tod sein eigentliches Leben, nämlich die ewige Gemeinschaft mit Gott, genießen kann. Aber diese ursprüngliche, enge Beziehung ist nicht nur für die Ewigkeit gedacht, sondern sollte und kann schon jetzt und hier auf Erden beginnen.

Es gibt einen Vers in der Bibel, dessen Aussage die Brücke bildet zwischen einem von Gott getrennten Menschen und Gott. Er beschreibt den Weg zurück zu Gott und ist einer der fundamentalen Verse der Bibel: »Denn so sehr hat Gott die Welt geliebt, dass er seinen eingeborenen Sohn gab, damit jeder, der an ihn glaubt, nicht verloren geht, sondern ewiges Leben hat« (Johannes-Evangelium, Kapitel 3, Vers 16).

Das ist wohl der meistzitierte Satz des Neuen Testaments. Jeder Teil dieses Satzes ist absolut grundsätzlich. Wenn wir am Ende beginnen, sagt dieser Vers: Ewiges Leben ist von Gott für den Menschen gewollt. Von Anfang an. Dass Menschen von Gott getrennt sind und ewig verloren gehen, ist nicht der Wille Gottes. Um das ewige Leben bei Gott zu bekommen, das im Hier und Jetzt beginnt, braucht es eins: den Glauben an Jesus. Er ist vollkommen Mensch und vollkommen Gott, der Sohn Gottes, die zweite Person des biblischen Gottes, er ist liebender und gerechter Herrscher und Helfer, er ist Retter und Erlöser aus der Sünde. Für diese Sünde ist Jesus am Kreuz gestorben. Der Vater hat ihn hergegeben, misshandeln und am Kreuz von Menschen umbringen lassen – und Jesus war mit seinem Tod einverstanden. Und das alles, weil Gott seine Schöpfung, die Welt, unendlich liebt und sie zurückholen möchte zu sich. Nicht erst nach dem Tod, sondern jetzt, im Leben.

Die einzige Entscheidung, die der Mensch treffen muss, ist: zu glauben, Jesus zu vertrauen und von ihm als gerechtem, liebendem Herrscher und Helfer abhängig zu sein und zu bleiben. Jesus hat für jeden Menschen den Weg zurück zu Gott wieder frei gemacht. So ist eins klar: Es geht nicht darum, an einen moralisierenden Wanderprediger zu glauben, dem man ein paar Wunder angedichtet und einige größenwahnsinnige Aussagen unterstellt hat. Das ist der Jesus der Kritiker, nicht der Bibel. Aber es gibt Verständnisprobleme. Die eine Frage ist: Was bedeutet es, wenn von Jesus als Sohn Gottes die Rede ist? Und das zweite Problem: Warum ist es so lebenswichtig, an Jesus zu glauben? Christen glauben an den *einen* Gott. Er ist – hebräisch gedacht – *Jahwe*, der »Ich bin«. Aufgrund der Bibel ist dieser *eine* Gott aber sowohl Gott der Vater als auch Gott der Sohn und Gott der Heilige Geist. Schon im Alten Testament handelt Gott als Plural: »Und Gott sprach: Lasst *uns* Menschen machen nach *unserem* Bild, *uns* ähnlich.« Das hebräische Wort für Gott ist hier *Elohim* – und das drückt eine Mehrzahl aus. Das gleiche *Elohim* wird schon im allerersten Vers der Bibel verwendet: Im Anfang schuf Gott (*Elohim*) die Himmel und die Erde. Gott schuf Himmel und Erde, aber Gott in der Mehrzahl. Sogar im zentralen Bekenntnis des jüdischen Glaubens steckt der Plural Gottes: Im Hebräischen, der Sprache des Alten Testaments, heißt es: *Sch^{e}ma Jisra'el, adonaj elohejnu, adonaj echad!* »Höre Israel: Der EWIGE (JHWH) ist unser Gott, der EWIGE (JHWH) ist der Einzige!« *Echad* (der Einzige oder Einer) drückt in der hebräischen Sprache eine zusammengesetzte Einheit aus. Im Neuen Testament wird die Mehrzahl Gottes konkret: Es gibt viele Stellen, in denen von Gott als Vater, Sohn und Heiligem Geist gesprochen wird. Manchmal treten diese drei Personen Gottes gemeinsam auf. Es ist aber auch hier nicht möglich, das Wesen Gottes völlig zu begreifen. Verstand und auch Fantasie des Menschen sind nicht fähig, die sogenannte Dreieinigkeit oder Dreieinheit oder Trinität Gottes komplett zu verstehen oder sich auch nur vorzustellen. Deshalb hat auch die Grammatik Schwierigkeiten: Man müsste sagen, dass der Vater, der Sohn und der Heilige Geist Gott *ist*.

Phänomene unserer Wirklichkeit könnten ein bisschen helfen zu verstehen: Es gibt die drei Dimensionen des Raumes: Länge, Breite und Höhe. Diese drei zusammen machen den Raum aus. Oder die drei Dimensionen der Zeit: Vergangenheit, Gegenwart und Zukunft – alle drei zusammen sind erst Zeit. Auch der Mensch besitzt drei Ausprägungen: Er ist eine Einheit von Körper, Geist und Seele. Diese Erklärungsversuche helfen nicht entscheidend, denn man muss zur Kenntnis nehmen, dass das Wesen Gottes anspruchsvoller ausgestaltet ist, als der Mensch begreifen kann. Aber der Glaube hält daran fest. Was Christen als Wahrheit anerkennen und was die Grundsätze ihres Glaubens sind, ist z.B. im *Nizänischen Glaubensbekenntnis* formuliert (ausgearbeitet vom 1. Konzil von Nicäa im Jahr 325). Zitiert wird hier der große Abschnitt, in dem es um Gott geht:

»Wir glauben an den einen Gott, den Vater, den Allmächtigen, der alles geschaffen hat, Himmel und Erde, die sichtbare und die unsichtbare Welt.

Und an den einen Herrn Jesus Christus, Gottes eingeborenen Sohn, aus dem Vater geboren vor aller Zeit: Gott von Gott, Licht vom Licht, wahrer Gott vom wahren Gott, gezeugt, nicht geschaffen, eines Wesens mit dem Vater; durch ihn ist alles geschaffen. Für uns Menschen und zu unserm Heil ist er vom Himmel gekommen, hat Fleisch angenommen durch den Heiligen Geist von der Jungfrau Maria und ist Mensch geworden. Er wurde für uns gekreuzigt unter Pontius Pilatus, hat gelitten und ist begraben worden, ist am dritten Tage auferstanden nach der Schrift und aufgefahren in den Himmel. Er sitzt zur Rechten des Vaters und wird wiederkommen in Herrlichkeit, zu richten die Lebenden und die Toten; seiner Herrschaft wird kein Ende sein.

Wir glauben an den Heiligen Geist, der Herr ist und lebendig macht, der aus dem Vater und dem Sohn hervorgeht, der mit dem Vater und dem Sohn angebetet und verherrlicht wird, der gesprochen hat durch die Propheten ...«

Im *Westminster-Bekenntnis* von 1647 wird diese Dreieinigkeit so zusammengefasst: »In der Einheit der Gottheit sind drei Personen von einem Wesen, einer Macht und Ewigkeit: Gott der Vater, Gott der Sohn und Gott der Heilige Geist. Der Vater ist von niemandem weder gezeugt noch ausgehend; der Sohn ist in Ewigkeit vom Vater gezeugt; der Heilige Geist geht in Ewigkeit vom Vater und vom Sohn aus.«

Trotz aller Deutungsversuche, wie die Dreieinigkeit verstanden werden kann, gilt: Es ist nicht entscheidend, Interpretationen, Lehren und Formeln für etwas zu produzieren, das jene Bereiche Gottes betrifft, die für den Menschen noch unzugänglich sind. Wichtiger ist, Gott zu vertrauen und seinem Wort zu glauben. Dieser Glaube hat ein Zentrum: Jesus. Aber warum ist es so wichtig, an ihn zu glauben? Seit Adam und Eva steckt der Mensch in der Trennung von Gott fest. Er ist sündig, aber Gott ist heilig und gerecht – und kann keine Sünder in der Gemeinschaft mit sich dulden. Aus eigener Anstrengung gibt es keinen Weg zu ihm zurück, keine noch so guten Taten, kein noch so moralisch hochstehendes Leben, es helfen keine Ausreden, keine Erklärungsversuche, keine Bitten, keine Opfer. Gott ist heilig, und dabei bleibt es. Und die Trennung der ersten Menschen von Gott (und damit die Trennung aller Menschen von ihm) muss Strafe zur Folge haben – den geistlichen Tod. Das hat Gott gesagt, nun muss er gerecht sein und sich daran halten.

Gott ist aber auch Liebe. Er möchte, dass jeder Mensch wieder zu ihm und in engste Gemeinschaft mit ihm zurückkommt und ewig mit ihm lebt. Gottes Gerechtigkeit sagt Nein zum sündigen Menschen, seine Liebe sagt Ja. Wie hat Gott das Problem gelöst? Durch Jesus. Die zweite Person Gottes wurde Mensch – aber der einzige sündlose Mensch, den es jemals gab und geben wird.

Denn es war Gott, der Mensch wurde. Dieser Mensch – Jesus – nahm die Sünde der Welt auf sich und starb dafür unter allergrößten Qualen am Kreuz. Dadurch blieb Gott gerecht: Sünde musste den Tod zur Folge haben. Aber es ist einer für alle gestorben, einer hat die Rechnung für alle bezahlt. Und genau das war auch der größte Ausdruck der Liebe Gottes: »Denn so sehr hat Gott die Welt geliebt, dass er seinen eingeborenen Sohn gab, damit jeder, der an ihn glaubt, nicht verloren geht, sondern ewiges Leben hat« (Johannes-Evangelium, Kapitel 3, Vers 16).

Dass sich die zweite Person Gottes geopfert hat, um die Sünde der Welt auf sich zu nehmen, war die einzige Möglichkeit, die Menschen vor der ewigen Trennung von Gott zu retten. Es war eine absolute Notwendigkeit. Der einzig Gerechte musste für die Ungerechten sterben. So wird jeder Mensch, der an Jesus glaubt, nicht verloren gehen, wie es bei Johannes heißt. Weil Jesus die Strafe für die Sünde auf sich genommen und dadurch wirkungslos gemacht hat, so dass jeder, der an Jesus glaubt, vor Gott ohne Sünde ist. Er ist gerettet und hat das ewige Leben. Gott ist für den Menschen gestorben, damit der Mensch durch Gott lebt.

Für die Juden der damaligen Zeit war der Tod am Kreuz eine Schande. Und die führende griechische Philosophie hielt die Vorstellung, dass ein Gott als Mensch stirbt, und auch die Vorstellung von Sünde für eine nette, wenn auch ziemlich exotische Idee. Ernsthaft diskutabel war sie nicht. »Denn das Wort vom Kreuz ist eine Torheit denen, die verloren gehen; uns aber, die wir gerettet werden, ist es eine Gotteskraft; denn es steht geschrieben: ›Ich will zunichte machen die Weisheit der Weisen, und den Verstand der Verständigen will ich verwerfen.‹ Wo ist der Weise, wo der Schriftgelehrte, wo der Wortgewaltige dieser Weltzeit? Hat nicht Gott die Weisheit dieser Welt zur Torheit gemacht? Denn weil die Welt durch [ihre] Weisheit Gott in seiner Weisheit nicht erkannte, gefiel es Gott, durch die Torheit der Verkündigung diejenigen zu retten, die glauben. Während nämlich die Juden ein Zeichen fordern und die Griechen Weisheit verlangen, verkündigen wir Christus den Gekreuzigten, den Juden ein Ärgernis, den Griechen eine Torheit; denen aber, die berufen sind, sowohl Juden als auch Griechen, [verkündigen wir] Christus, Gottes Kraft und Gottes Weisheit. Denn das Törichte Gottes ist weiser als die Menschen, und das Schwache Gottes ist stärker als die Menschen« (1. Brief des Paulus an die Korinther, Kapitel 1, Verse 18-25).

Jesus hat sich in der Erfüllung aller Prophetien als der Messias, der Christus, der Sohn Gottes erwiesen. Auch er selbst spricht das im Lauf seines irdischen Daseins immer deutlicher aus. Er sagt über sich, dass er der Sohn Gottes ist, dass der Vater ihm Macht über alle Menschen gegeben hat, dass er das ewige Leben geben kann, dass er es denen geben kann, die ihn erkennen (eine enge Beziehung mit ihm haben), dass er von Ewigkeit her beim Vater war, dass er aus der ewigen Gemeinschaft mit dem Vater auf die Erde gekommen ist, dass er und der Vater eins sind (deckungsgleich im Wesen, Wollen, Denken und Fühlen), dass er zum Vater zurückkehren wird, dass er nicht von dieser Welt ist (nicht nur Mensch), dass der Vater in ihm ist und er im Vater (Gott ist Einer).

»Nun aber ist Christus aus den Toten auferweckt; er ist der Erstling der Entschlafenen geworden. Denn weil der Tod durch einen Menschen kam, so kommt auch die Auferstehung der Toten durch einen Menschen; denn gleichwie in Adam alle sterben, so werden auch in Christus alle lebendig gemacht werden« (1. Brief an die Korinther, Kapitel 15, Verse 20-22).

Jesus ist tatsächlich der Christus, der Erlöser. Durch seinen Tod hat er für den Menschen den Weg zurück in seine eigentliche Bestimmung frei gemacht. Jeder, der an Jesus glaubt, befindet sich im Stand der vollkommenen Sündlosigkeit. Und kommt zurück zum ewigen Leben bei Gott. Und Gott ist derjenige, der sich am meisten darüber freut.

Gottes dritte Person

Gott ist ein dreieiniger, drei Personen in einer. Wie im Glaubensbekenntnis formuliert, ist Gott der Vater, der Sohn und als dritte göttliche Person, der Heilige Geist.

Eine Person ist ein Wesen mit eigener Persönlichkeit. Die drückt sich aus in Selbstbewusstsein, Denkfähigkeit, Fähigkeit zu empfinden und Entscheidungsfähigkeit. In diesem Sinne ist der Heilige Geist eine Person, aber im Unterschied zum Menschen eine vollkommene – wenn auch nicht sichtbare – körperlose Person. Wenn ein Mensch sich Gott öffnet und an Jesu glaubt, hat er nicht nur das für ihn bestimmte Leben mit Gott in der Ewigkeit, sondern mit dieser Entscheidung wirkt auch der Heilige Geist im Leben des Gläubigen. Mit dem Glauben an Jesus lebt die Liebe Gottes im Gläubigen. Das bedeutet: Der Heilige Geist hilft dem Gläubigen, den Willen Gottes zu tun. Es ist ein Leben, das nicht mehr auf die zerstörerischen Ziele der Gott abgewandten Welt ausgerichtet ist, sondern das bewirkt, was der Apostel Paulus in seinem Brief an die Galater geschrieben hat: »Die Frucht des Geistes aber ist Liebe, Freude, Friede, Langmut, Freundlichkeit, Güte, Treue, Sanftmut, Selbstbeherrschung« (Brief des Paulus an die Galater, Kapitel 5, Verse 22-23). Mit der Umkehr eines Menschen zum Glauben an Jesus und zu Gott wird er von Neuem geboren, wie Jesus sagt: »Wenn jemand nicht von Neuem geboren wird, so kann er das Reich Gottes nicht sehen!« (Johannes-Evangelium, Kapitel 3, Vers 3).

Ein Mensch mit diesem neuen Leben ist für Gott ein Mensch ohne die grundsätzliche Sünde der Trennung von Gott. Das ist vergeben und vergessen, für Gott hat es diesen *sündigen* Menschen nie gegeben. Ein Gläubiger ist nicht mehr von Gott getrennt und geschieden, sondern lebt mit ihm zusammen, weil Gott durch den

Heiligen Geist in ihm lebt. Das heißt aber nicht, dass Gläubige sündlose Menschen wären: »Wenn wir sagen, dass wir keine Sünde haben, betrügen wir uns selbst, und die Wahrheit ist nicht in uns« (1. Brief des Johannes, Kapitel 1, Vers 8).

Ein Gläubiger besitzt weiterhin seine eigene Persönlichkeit, sein eigenes Denken und Fühlen, aber er merkt immer deutlicher, wenn er falsch denkt und fühlt und handelt. Das passiert einem Gläubigen genauso wie jedem anderen Menschen. Aber nur ein gläubiger Mensch hat ein Empfinden für die genauso deutlichen wie liebevollen Korrekturhinweise, wie sie nur der Geist Gottes gibt. Er ist und bleibt ein Lernender, der vieles falsch macht. Und der immer noch sündigt. Auch Gläubige kennen Fehltritte wie Neid, Missgunst, Geltungsbedürfnis, Lüge usw. Das sind, nach biblischem Maßstab, Sünden. Ein gläubiger Mensch bekennt Gott seine Sünde. Sie wird ans Licht gebracht und von Gott vergeben. Mehr noch: Mit Gottes Hilfe kann und wird die Sünde zukünftig unterlassen werden. Auch existenziell bedrängende Situationen lassen sich Gottes Hilfe sehr viel besser bewältigen. Denn der Gläubige kann sich immer auf eins verlassen: auf sein Gebet. Weil er sich auf Gott verlassen kann. Gott hört jedes Gebet. Und erhört Gebete. Dabei gilt grundsätzlich: »Was bei den Menschen unmöglich ist, das ist bei Gott möglich« (Lukas-Evangelium, Kapitel 18, Vers 27). Die Hoffnung, dass der allmächtige, liebende Gott zugunsten dessen eingreift, der an ihn glaubt und ihn um etwas bittet, ist absolut berechtigt. So prägt der Geist Gottes das Denken, Fühlen, Wollen, das Gewissen und den Charakter der Gläubigen. Er führt zu jenen Werten und Tugenden, die für das gute Zusammenleben der Menschen zwingend notwendig sind. Er gibt dem Leben die richtige Orientierung und Werte sowie eine berechtigte Hoffnung in jeder Situation. Der Geist Gottes vermittelt Sinn. Göttlichen Sinn. Der Geist Gottes oder Geist des Herrn befreit zu einem neuen Leben im Glauben, er begründet die Gemeinschaft der Gläubigen und steht sowohl dem Einzelnen als auch der Gemeinschaft bei, er führt und leitet. Mit dieser neuen Ausrichtung lebt der Mensch aber weiterhin in der Welt. Nur: Der Schwerpunkt hat sich geändert. Wenn Gott der Mittelpunkt ist, dann ist es die Welt nicht mehr. Die Abhängigkeiten von sich ändernden Meinungen, gesellschaftlichen Konzepten und den jeweils aktuellen moralischen Werten hören auf.

Wenn Politik, Wirtschaft und Wissenschaft hauptsächlich von Menschen geprägt werden, die in Trennung von Gott leben, dann haben nur ein Gläubiger und eine Glaubensgemeinschaft eine Alternative – und zwar die beste: den Maßstab, den Gott setzt. Dadurch weiß man, was gut und böse, was richtig und falsch ist. In einer zunehmend chaotischen Welt gibt nur ein einziges zuverlässiges, unwandelbares Zentrum, den notwendigen und sicheren Halt: Gott. Und das ist tröstlich. Aber auch ungemein entspannend.

Wozu braucht ein Mensch also Gott, wie ganz am Anfang gefragt wurde? Wozu braucht ein Mensch Gott, wenn man bisher auch ohne ihn gelebt hat? Die Antwort: um *wirklich* zu leben. Jetzt zu leben im Frieden mit Gott und getragen von seiner Liebe. Und um nach dem physischen Tod dort weiterzuleben, wo der Mensch hingehört und wo es am schönsten ist. Es stimmt, was Gott sagt: »Ich will ihre Abtrünnigkeit wieder heilen; gerne will ich sie lieben« (Der Prophet Hosea, Kapitel 14, Vers 5).

Der Sinn von allem

Da stehen also diese Christen in der großen Frankfurter Fußgängerzone und verkünden: Das Leben ist schön! Und meinen: das Leben mit Gott.

Wer bleibt stehen und hört zu? Es sind viele. Es gibt viel mehr Menschen, als man meint, die gemerkt haben, dass Geld, Konsum und das Materielle eine ganz dünne Grundlage für ein sinnvolles, erfülltes Leben sind. Unterm Strich wünschen sich immer mehr Menschen, dass es etwas anderes, Beständigeres geben müsse als dem Hin und Her und Auf und Ab dieser Welt ausgeliefert zu sein. Und so sind auch auf der *Frankfurter Zeil* viele Suchende. Aber auch viele Zweifler, die verunsichert sind. Schließlich gibt es mittlerweile unzählige spirituelle Wege. Sie hören auf der Zeil oder sonst irgendwo unter anderem auch von Gott. Und schwanken zwischen »Unsinn!« und »Vielleicht doch?«. Vielleicht ist doch was dran am Gott der Bibel. Wenn nur nicht die eigentümlichen Gottesvorstellungen wären, die sie im Kopf haben. Und vielleicht sind andere Sinnangebote doch besser.

Aber die Christen in der Frankfurter Fußgängerzone haben Antworten auf die unterschiedlichen privaten Gottestheorien: Nein, sagen sie, *Gott verhält sich nicht wie einer dieser Revolverhelden*, die sagen: Geld her oder du bist ein toter Mann. Gott sagt nicht: Glaube an mich oder du fährst zur Hölle. Nein, es ist ganz anders: Der Gott der Bibel ist der Gott der Liebe. Er ist unbewaffnet. Er droht nicht. Er bittet. Denn es geht nicht um ihn. Es geht ihm um jeden einzelnen Menschen, um seine Rettung. Gott ist Liebe. Diese Liebe drängt Gott, die zu retten, die er liebt. Also jeden. Aber beim Menschen liegt Verantwortung, nämlich sich zu entscheiden. Er kann Ja zu Gott sagen oder Nein. Bei Ja wird alles gut, bei Nein nicht. »Denn wir alle müssen vor dem Richterstuhl des Christus offenbar werden, damit jeder das empfängt, was er durch den Leib gewirkt hat, es sei gut oder böse« (2. Brief des Paulus an die Korinther, Kapitel 5, Vers 10). Wobei das Ja, die Umkehr zu Gott, der Anfang einer Entwicklung ist, die ein Leben lang dauert – und in der vollständigen Erlösung des gesamten Menschen, also von Körper, Geist und Seele mündet – in einer ewigen Gemeinschaft bei und mit Gott.

Gott ist auch kein Sadist, der vom Menschen ein Leben lang gute Taten und reine Gedanken verlangt und ihm dann irgendwann sagt, dass er es nicht geschafft hat und dafür büßen muss. Nein, es ist ganz anders: Gott ist es gewohnt, mit schlechten Menschen umzugehen. Er kennt nur Sünder, es gibt keine anderen. Mit ihnen umzugehen, liebevoll an ihnen zu arbeiten und sie auf einen besseren Weg, nämlich zu ihm, zu führen, ist sein tägliches Geschäft. Aber der Sünder muss sich entschließen, sich von Gott an die Hand nehmen zu lassen. Gott zwingt keinen. Die Entscheidung, Gottes Liebe anzunehmen, ist notwendig.

Gott ist kein knochentrockener Moralist. Es gibt Menschen, die sich nicht gut genug für Gott halten. Sie meinen, Gott möchte von ihnen nichts wissen, weil sie alles andere als eine weiße Weste haben. Aber die hat niemand: »Es ist keiner gerecht, auch nicht einer; es ist keiner, der verständig ist, der nach Gott fragt«, sagt Paulus im Brief an die Römer (Kapitel 3, Vers 10). Und es gibt eine Einladung: »So tut nun Buße und bekehrt euch, daß eure Sünden ausgetilgt werden[...].« (Apostelgeschichte, Kapitel 3, Vers 19). Gott vergibt liebendgern. Aber noch einmal: Beim Menschen liegt die Entscheidung, Gottes Liebe auch anzunehmen.

Gott ist auch nicht der große Strippenzieher, der Menschen seinen Willen aufzwingen und sie zu seinen Marionetten machen will.

Eins stimmt: Mit Gott, durch die Bekehrung zu ihm, bin ich nicht mehr der, der ich war. Sondern mit Gott werde ich zu dem, der ich eigentlich bin: ein von Gott geliebter Mensch, in dem sich mit Gottes Hilfe und unter seiner Aufsicht das entwickeln kann, was er mir an Gutem und Einzigartigem mitgegeben hat. Aber nur, wenn ich will. Wenn ich mich dafür entscheide, das anzunehmen, was Gott mir aus Liebe geben will. Es ist freiwillig.

Gott hält auch nichts von der Gutmensch-Theorie. Wenn man von sich sagt, dass man kein grottenschlechter Mensch ist, ist man dann ein guter Mensch? Die meisten werden mit reinem Gewissen von sich behaupten, dass sie keine durch und durch schlechten Menschen sind. Insgesamt hat man sich nichts vorzuwerfen. Also: Wenn man kein schlechter Mensch ist, wozu sollte man dann noch Christ werden? Die Antwort hat mit Gott zu tun. Denn das mit dem Gutsein ist so eine Sache. Nach biblischem Maßstab ist nur einer gut: Gott. »Und siehe, einer trat herzu und fragte ihn: Guter Meister, was soll ich Gutes tun, um das ewige Leben zu erlangen? Er aber sprach zu ihm: Was nennst du mich gut? Niemand ist gut als Gott allein!« (aus den Evangelien des Matthäus, Markus und Lukas). Gott ist der Einzige, der gut denkt, der immer das Gute tut, bei dem es nichts gibt, was nicht gut ist. Er ist der Maßstab dafür, was *gut* bedeutet. Der Mensch ist aber nicht Gott. Er schafft es nicht, alle Gebote zu halten – wirklich *alle*, und zwar *immer*. Daran scheitert jeder Mensch, keiner kann sich deshalb die Note *gut* geben. Auch Christen werden nicht von sich denken, dass sie sich immer auf der Ideallinie bewegen. Es ist eher ein Zickzackkurs, der sich im Verlauf des Lebens mit Gott immer mehr an die von ihm vorgegebene Linie angleichen soll. Christen werden sich im Vergleich zu nicht-gläubigen Menschen auch nicht als moralisch hochstehender und besser bezeichnen. Das würde den Tatbestand der Arroganz erfüllen und wäre alles andere als gut. Und sowieso nicht gerechtfertigt. Aber eigentlich und grundsätzlich geht es Gott gar nicht darum, aus schlechten Menschen gute zu machen. Sein Angebot ist, dass aus toten Menschen lebende – also gerettete werden. Gerettet für ein neues Leben im Hier und Jetzt. Und für das ewige Leben mit ihm. Und warum macht er dieses Angebot? Aus Liebe. Freunde, sagt man, sind Menschen, die mich mögen – obwohl sie mich kennen. Aber Gott ist der Einzige, der mich vollkommen liebt, obwohl er mich durch und durch kennt. Gläubige müssen sagen: Gott liebt mich nicht deshalb, weil ich so liebenswert und gut wäre, sondern ich bin nur zu Gutem fähig, weil die Liebe Gottes mich dazu drängt und befähigt. Natürlich dürfen Nicht-Christen darauf verweisen, dass sie anständige Menschen sind. Viele tun Gutes und machen die Welt dadurch einen Tick besser. Es ist keine Frage, ob der Mensch sich bemühen sollte, ein guter Mensch zu sein. Doch wenn das Leben Sinn haben soll, geht es um mehr: »Die Leute, die bei der Frage stehen bleiben, ob sie nicht auch ohne Christus ›gute Menschen‹ sein können, wissen nicht, was Leben ist. Wenn sie es wüssten, so sähen sie auch ein, daß ein ›anständiges Leben‹ eine armselige Maschinerie ist im Vergleich mit dem, wozu wir Menschen wirklich geschaffen sind.« [66] Und wozu sind wir geschaffen? »Nachdem Gott uns mit dem komplexesten Denkapparat ausgestattet hat, den die Welt kennt, erwartet er von uns, dass wir ihn dazu verwenden, das große Geheimnis allen Lebens und Seins, nämlich ihn, kennenzulernen und zu lieben.« [67] Gut zu sein, ist schön und gut. Aber der Sinn des Lebens ist ein anderer: Gott im Glauben kennen und lieben zu lernen.

Gott ist die einzige Alternative zur Wissenschaftstheorie. Die Wissenschaft meint, dass der Mensch nicht mehr ist als ein aus toter Materie entstandenes Zufallsprodukt. Es bleibt ihm nichts anderes übrig, als sein zufälliges Dasein irgendwie auf die Reihe zu kriegen. So fühlt er sich im Grunde genommen einsam, sehnt sich aber gerade deshalb nach Liebe. Und wird immer wieder enttäuscht. Er muss mit einer unerfüllbaren und deshalb schmerzlichen Hoffnung leben. Die Alternative ist ein Leben mit Gott. Das Universum und die Erde sind nicht das Ergebnis von blindem Zufall, sondern von Gott gewollt. Auch der Mensch ist von Gott erschaffen. Der gläubige Mensch begreift, dass Gott erkennbar und erfahrbar ist. Und weiß, was das für ihn bedeutet: dass er wirklich geliebt, gehalten, geführt, gefördert und gefordert wird. Und dass das alles Sinn macht, weil es einen Plan und ein Ziel für den Menschen gibt: Jetzt mit Gott zu leben, um immer mit Gott zu leben. Und zwar ganz entspannt, ohne Kampf und Krampf in der Liebe Gottes. Warum ist also das Leben, von dem die Christen auf der *Frankfurter Zeil* reden, schön? Weil es ein Leben im Glauben ist, der klare Orientierung gibt. Und ein Leben in der Hoffnung, die in allen Lebenslagen ein stabiles Fundament bildet. Und vor allem, weil es ein Leben in der Liebe Gottes ist. Sie befähigt, die richtigen Entscheidungen zu treffen – nämlich diejenigen, die im Einklang mit seinem Willen stehen. Dabei kommt nicht nur Gutes für andere heraus, sondern auch das, was einem selbst guttut. Dieses Leben mit Gott ist schön, sagen die Christen, weil es Sinn macht: Den unendlich guten und gerechten Gott zu lieben, von ihm geliebt zu werden und diese Liebe weiterzugeben, das ist der Sinn des Lebens, das macht es lebenswert. Nur das. Die materiellen Bedürfnisse werden dann im rechten Maß »hinzugetan«, wie die Bibel sagt. Bei einem Leben ohne Gott ist es genau umgekehrt: Man liebt nicht Gott und die Menschen und benutzt verantwortungsvoll die Dinge, die er gegeben hat, sondern man *liebt die Dinge* und *benutzt die Menschen*. Das ist die komplette Verdrehung und Umkehrung der göttlichen Werte. Das Fremdwort dafür kennt jeder: *Perversion*.

Aber wenn Suchende oder Zweifler in der Frankfurter Fußgängerzone mehr über die Bibel und das Verhältnis zwischen Gott und den Menschen wissen wollen, dann erfahren sie, dass alles, was die Bibel enthält, wahr ist, dass der Gott der Bibel ein dreieiniger Gott mit Vater, Sohn und Heiligem Geist ist; sie hören von der Jungfrauengeburt und der Menschwerdung von Jesus, von seinem stellvertretenden Opfer am Kreuz, seiner leiblichen Auferstehung und Himmelfahrt, aber auch von seiner Wiederkunft auf die Erde, von der leiblichen Auferstehung der Christen zum ewigen Leben, vom Gericht über die Gottlosen und vom ewigen Leben der Glaubenden mit Gott.

Come back!

Der Mensch wurde also nicht erschaffen, damit er eine Ich-AG gründet, sich selbstständig macht und nach seinen eigenen Vorstellungen unabhängig von Gott lebt. Und so ganz ohne das Spirituelle geht es für viele Menschen dann doch nicht.

Wer mit dem Gott der Bibel nichts am Hut hat, aber ahnt, dass es mehr geben muss als das Hier und Jetzt, schaut sich anderweitig um. Die Medien berichten von einem neuen Interesse am Übersinnlichen, Transzendenten. In der Spiritualität sucht der Mensch in einer nicht-materiellen, nicht sinnlich erfassbaren Wirklichkeit die Antworten auf Fragen wie: Was bestimmt mein Leben? Was gibt mir Halt? Welche Hoffnung habe ich? Und da gibt es noch viel mehr Antworten als den Gott der Bibel. Immer beliebter wird die Methode, sich je nach Geschmack aus unterschiedlichsten religiösen, religionsphilosophischen und esoterischen Zutaten ein individuelles Glaubens-Menü zusammenzustellen. Da ist es durchaus möglich, dass man noch zu emotional aufgeladenen Ritual-Events wie Weihnachten, Hochzeit oder Beerdigung in die Kirche geht, aber sonst Lebensenergie in der Reiki-Gruppe sucht, auf die »heilende Kraft der Steine« vertraut oder den Schutz von Engeln in Anspruch nimmt. Wer übertariflich bezahlt wird, orientiert sich vielleicht in griechischen Regionen und schaut, welche hilfreichen Ratschläge der antike Philosoph Seneca für Manager bereithält. Es gibt so viele Kombinationen scheinbar heilbringender Menü-Zutaten, wie es Menschen gibt. Das Motto heißt: *Anything goes* – mach, was du willst, alles ist möglich. Wenn jemand beschließt, dass sein Menü das Wahre ist, dann ist es das auch. Heute an irgendetwas zu glauben, ist eine praktische Angelegenheit: Man nimmt einfach das, was man für sich als passend empfindet. Und weil es scheinbar nicht mehr die eine, einzige Wahrheit gibt, sondern viele Wahrheiten, wird der Selbstaussage von Jesus »*Ich* bin der Weg, die Wahrheit und das Leben« einfach nur ein kleines Wort hinzugefügt: Ich bin *auch* der Weg, die Wahrheit und das Leben. Und schon hat man ihn an das postmoderne Denken angepasst und in andere Angebote eingereiht. Wer oder was Gott ist, bestimmt dann der Mensch. Dogmen – also das, was zu glauben und nicht zu hinterfragen und nicht austauschbar ist – werden abgelehnt. Als absolut und verbindlich gesetzte Normen und Wahrheiten sind als unangenehm, unfair, intolerant, engstirnig, abwertend und von gestern einzuordnen und somit nicht zeitgemäß. Die neuen Werte heißen Toleranz, Pluralismus und Akzeptanz subjektiver Maßstäbe und Erfahrungen. Das bedeutet: Alle Werte, alle Lebensstile, alle »Wahrheiten« sind gleich, woher sie auch kommen. Statt einer einzigen, absolut gesetzten Wahrheit gibt es jetzt nur noch individuelle Interpretationen der Wirklichkeit. Deshalb wird die Botschaft der Bibel als komplette Zumutung empfunden. Sie ist ja das genaue Gegenteil des modernen *Anything goes*. Denn sie behauptet, dass eben nicht alle Werte gleich sind, dass es nicht verschiedene Wahrheiten gibt, sondern dass derjenige, um den es bei ihr geht – nämlich Jesus –, auf den einzigen Weg, die einzige Wahrheit und auf das einzig lebenswerte Leben hinweist. Weil er die Wahrheit *ist*. Jesus erhebt den absoluten Anspruch, *die* Wahrheit und der einzige Weg zurück zu Gott und zur Erlösung zu sein. Das kann aber der moderne, aufgeklärte Mensch nicht akzeptieren, denn er will gerade das Gegenteil: Er will für sich selbst und in aller Freiheit entscheiden, was für ihn richtig ist. Das kann auch die Überzeugung sein, dass es keinen Gott gibt.

Aber auch wenn sich Christen an der absoluten, göttlichen Wahrheit orientieren, heißt das nicht, dass sie beanspruchen können, die *ganze* Wahrheit zu besitzen. Nur Gott kennt sie, er *ist* Wahrheit; ein Christ erkennt nur einen Teil davon: »Denn unser Wissen ist Stückwerk [...] jetzt erkenne ich stückweise [...]«

(1. Brief des Paulus an die Korinther, Kapitel 13). Christen sind wie der Mond, der nicht selbst leuchtet, sondern das Licht der Sonne nur abgeschwächt reflektiert. Wobei es bei den Gläubigen auch ganz dunkle Flecken gibt – wie man deutlich bei sich selbst und anderen erkennen kann.

Wenn es jedoch keine absolute Wahrheit, sondern viele unterschiedliche Wahrheitsvorstellungen gibt, wird der biblische Glaube auf ein subjektives, geschmäcklerisches Niveau heruntergezogen. »Du glaubst an Jesus? Okay. Ich glaube an die Tarot-Karten. Auch Okay.«

Doch hinter dieser Angebotssuche im Selbsterlösungs- und Sinnsucher-Supermarkt steckt ein tiefes menschliches Verlangen: die Suche nach Erkenntnis, Orientierung, Halt, Trost und Hilfe bei jemandem oder etwas jenseits des Materiellen und der eigenen Begrenztheit. Die große Frage ist jedoch, ob man einer selbstgebastelten Sinngebung wirklich vertrauen kann.

Wer also vom Gott der Bibel nichts wissen will, dem bleiben grundsätzlich zwei Möglichkeiten, doch noch einen Sinn im Leben zu finden, wenn er einen sucht: Man konstruiert sich selbst einen Bezug zum Übersinnlichen und pickt sich das Passende aus dem globalen Sinn- und Selbsterlösungsangebot heraus. Oder man betont einen ganz weltlichen Aspekt des Lebens und sieht darin einen besonderen Wert – das, was das Leben lebenswert macht, wofür man lebt, was der Mittelpunkt des Lebens ist. Für die einen können es Werte sein wie Familie und Freunde. Anderen ist die Karriere am wichtigsten oder Gesundheit, Fitness, politische Überzeugung, Macht, Anerkennung, Geld, Freiheit. Oder einfach nur Sex. Meistens geht es aber um eine Kombination von mehreren vermeintlich sinnstiftenden Bedürfnissen. Das ist dann alles, warum und wofür man lebt.

Biblisch betrachtet handelt es sich auch bei solchen Varianten der Sinnsuche um falsche Götter. Der eigentliche falsche Gott oder Götze aber ist das Ich. Ob man Sinn in außersinnlichen Angeboten sucht oder im eigenen Lebensumfeld, immer geht es um das eigene Wohlbefinden, die eigenen Interessen, um das, was vor allem *mir* gut tut, *mir* nützlich ist und *mich* befriedigt. Der Mensch macht das Ich zum Götzen. Aber es widerspricht dem Wesen des Menschen, ausschließlich seine eigenen Interessen in den Mittelpunkt zu stellen und keinen Blick für andere zu haben. Deshalb kommt nichts Gutes dabei heraus: »Wer sich selbst sucht, findet sich – das ist die Strafe.« [68] Dabei wäre das alles nicht nötig. Kein Mensch müsste sich abrackern und selbst für Sinn und Befriedigung sorgen – wenn er danach sucht. Niemand müsste den falschen Göttern »Anerkennung« und »Liebe« Opfer darbieten, um sein Selbstwertgefühl zu füttern und ein einigermaßen gutes Leben zu haben. Es ist viel einfacher: Denn es ist alles schon da. Es ist so einfach. Es wartet das weltweit einzige 1000-Sterne-Gourmet-Menü. Man muss sich nur entscheiden: nämlich sich hinzusetzen und zu genießen. »Also hat Gott die Welt geliebt, dass er seinen eingeborenen Sohn gab, auf dass alle, die an ihn glauben, nicht verloren werden, sondern das ewige Leben haben« (Johannes- Evangelium, Kapitel 3, Vers 16). An Jesus glauben, das ist die Entscheidung. »Denn aus Gnade seid ihr gerettet, durch Glauben, und das nicht aus euch – Gottes Gabe ist es ...« (Brief des Paulus an die Epheser, Kapitel 2, Vers 8).

»Durch Glauben«, das ist der Schlüssel. Der Glaube ist ein Geschenk Gottes. Das Geschenk ist da. Es reicht, dieses Geschenk anzunehmen. Man muss und kann es sich nicht erarbeiten und verdienen. Nur ein Geschenk annehmen, so einfach ist das. Durch diesen Glauben wird aus einem gottlosen ein mit Gott fest verbundener, aus einem geistlich toten ein lebender Mensch. Er wird das nur und ausschließlich und allein durch den Glauben.

Das ist Punkt eins: Das ewige Leben ist eine Verheißung und Gabe Gottes. Es wird den Menschen geschenkt, die an Jesus Christus glauben, und kann nicht durch ein moralisch einwandfreies Leben, durch fromme Werke, große Opfer oder inständige

Gebete verdient werden. Grundlage der Errettung des Menschen ist der Kreuzestod von Jesus. Dadurch wurde die Sünde (und der alte, tote Mensch) mit in den Tod genommen. Wer diesem am Kreuz gestorbenen Jesus vertraut, ist nicht mehr von Gott getrennt, sein natürliches sündiges Wesen existiert nicht mehr. Denn alle Sünden – die in der Vergangenheit, die aktuellen und die zukünftigen – sind ausradiert, sie sind durch Jesus am Kreuz weggenommen.

Punkt zwei: Ab dem Zeitpunkt, an dem ein Mensch an Jesus glaubt, wirkt Gott in ihm durch seinen Geist. Und wie und was ist Gott? Er ist Liebe. Und Liebe verändert den Geliebten – zum Guten. Ein pubertierender Teenager kann völlig verzweifelt vor dem Spiegel stehen, sich mit den Pickeln, der zu kleinen Nase und den zu großen Ohren als die totale »Gesichtsfünf« (hässlich) empfinden und am liebsten gar nicht mehr leben wollen. Wenn aber jemand vom anderen Geschlecht ihn oder sie total »galaktisch« (einzigartig), »lecker« (gut aussehend) und »echt vierlagig« (extrem gut) findet, dann blüht er oder sie auf, fühlt sich super und das Leben ist plötzlich voll »orgasmisch« (fantastisch). Liebe verändert den Geliebten. Und wenn Gott liebt? Wohin verändert er? Wer seine Liebe annimmt, indem er an Jesus glaubt, bekommt eine neue Identität und ein neues Selbstwertgefühl.

Er weiß, woher er kommt: Er ist von Gott gewollt und geschaffen. Das ist wesentlich besser, als das Produkt eines blinden Zufalls irgendeiner Evolution zu sein, ohne Sinn und Zweck.

Und er ist jemand, der weiß, wer er ist: ein geliebtes Kind Gottes. Und als solcher jemand, der gesegnet ist. Segnen bedeutet Gutes zusprechen, Segen von Gott bekommen heißt, mit neuem Leben erfüllt werden. Man kann also das alte Leben immer mehr hinter sich lassen und in eine neue, göttliche Lebensqualität hineinwachsen. Dadurch wird sich auch das Selbstbild ändern:

Die eigene Identität wird nicht mehr durch das bestimmt, was man leistet, wie viel man besitzt, wie viele Freunde man hat, welches Auto man fährt, wie man aussieht, wie alt man ist, ob man gesund ist oder nicht, was die Leute über einen denken, welcher Kultur und Nation man angehört usw. Wenn ein liebender Gott segnet und in einem Menschen eine neue Identität langsam wachsen lässt, ist das sehr befreiend und entspannend, weil man seinen Wert in sich hat und nicht mehr von vergänglichen, unsicheren Umständen abhängig ist. Um dahin kommen zu können, muss man keine besonderen Fähigkeiten besitzen, man muss überhaupt nichts können. Es geht nur um eins: sich nur zur Verfügung stellen und sich von Gott mit allem Notwendigen ausstatten lassen. Es geht nicht ums Geben, sondern immer nur um das Nehmen – von Gott.

Ein von Gott geliebter Mensch ist jemand, dem vergeben wird. Kein Gläubiger ist vollkommen, auch er kennt noch Neid und Missgunst, Lügen und Rachegedanken, Zweifel und Mutlosigkeit, Geldliebe und Besitzdenken und Schlimmeres. Aber es wird weniger oder hört nach und nach ganz auf. Denn man darf damit zu Gott kommen und ihm diese Sünden bekennen. Er wird vergeben. Und man wird nicht lustig mit den Sünden weitermachen, sondern erfolgreich an sich arbeiten. Der neueste Porsche, die Gucci-Handtasche oder die Villa auf Mallorca der anderen werden nicht mehr automatisch Neidgefühle auslösen, ein Betrug nicht Rachegefühle, eine Enttäuschung nicht Abbruch der Beziehung oder Zweifel am eigenen Wert. Es ist möglich, anderen etwas zu gönnen, was man selbst nicht hat. Es ist möglich, anderen zu vergeben, weil man selbst auf Vergebung durch Gott angewiesen ist und sie auch bekommt. Das ist ungemein befreiend.

Und ein von Gott geliebter Mensch ist jemand, der geführt wird. Von einem liebenden Gott an die Hand genommen (aber auch korrigiert) zu werden, ist wesentlich besser, als sich allein auf unsicheren Wegen durchkämpfen zu müssen. Die Liebe Gottes füllt den Menschen, fließt weiter und am anderen Ende kommt Liebe zum Nächsten heraus. Kampf und Krampf lassen nach. Die Liebe Gottes ist ein Geschenk an den Gläubigen und verändert ihn zum Guten.

»Der Mensch kommt zutiefst nicht zu sich selbst durch das, was er tut, sondern durch das, was er empfängt. Er muss auf das Geschenk der Liebe warten, und Liebe kann man nicht anders denn als Geschenk erhalten. Man kann sie nicht selber, ohne den anderen, ›machen‹; man muss auf sie warten, sie sich geben lassen. Und man kann nicht anders ganz Mensch werden, als indem man geliebt *wird*, sich lieben lässt. [...] Lehnt er es ab, sich solchermaßen beschenken zu lassen, zerstört er sich selbst. Eine sich selbst absolut setzende Aktivität, die das Menschsein allein aus Eigenem leisten will, ist ein Widerspruch zu seinem Wesen.« [69] Die Liebe Gottes zeigt sich darin, dass er dem Sünder gnädig ist und vergibt, wenn dieser Sünder bekennt, dass er einer ist. So war es auch bei John Newton, einem geldgierigen und brutalen Sklavenhändler des 18. Jahrhunderts, der als Gotteslästerer bekannt war. Im Jahr 1748 geriet er mit seinem Sklavenschiff auf dem Rückweg nach England in einen schweren Sturm und drohte unterzugehen. Er schrie zu Gott um Hilfe, um Erbarmen, um Gnade – und das Schiff überstand das Unwetter. John Newton hat das als Gnade Gottes empfunden. Er blieb zwar noch eine Zeit lang Sklavenhändler, es wurde ihm aber immer mehr bewusst, was für ein Verbrechen die Sklaverei war. Und er spürte, dass die Gnade Gottes eine Kraft ist, die den Menschen zum Besseren verändert. Aus dieser Erkenntnis heraus und aus Dankbarkeit schrieb er ein Lied, das auch heute noch eins der bekanntesten und beliebtesten Kirchenlieder der Welt ist: *Amazing Grace*. Newton gab den Sklavenhandel auf und wurde anglikanischer Pfarrer. Er kämpfte mit dem bekannten Prediger William Wilberforce gegen die Sklaverei. Im Jahr 1808 wurde hauptsächlich auf Betreiben von Wilberforce und dem ehemaligen Sklavenhändler Newton im englischen Parlament ein Gesetz verabschiedet, das die Ein- und Ausfuhr von Sklaven verbot.

Jesus kam nicht in die Welt, um Menschen aus der Hölle in den Himmel zu bringen, sondern er kam, um Gott aus dem Himmel wieder in den Menschen hineinzubringen. Und er ist angekommen, wenn ein Mensch an Jesus glaubt. Und wieder: Es ist nur der Glaube, der rettet.

Und so geht es in dieser Welt für den Menschen vor allem und erst einmal um eins: dorthin zurückzukehren, wo er hergekommen ist. Der Sinn seines Lebens besteht darin, zurückzukehren zum liebenden, allmächtigen, gerechten Gott, der ihn erschaffen hat und in dessen Einflussbereich der Mensch erst Mensch ist. Es geht ganz einfach darum, wieder nach Hause zu kommen. Jeder Mensch ist von Gott eingeladen, sein großes *Comeback* zu erleben, es zu feiern und zu genießen. Und vor allem: eine persönliche Beziehung zu Jesus zu haben, ihn als Herrscher und Helfer über sein Leben und im Leben gerne zu akzeptieren. Und dann ist alles gut. Gott freut sich über das *Comeback* eines Menschen. Es ist wie beim verlorenen Sohn (man darf auch an eine Tochter denken): »Und er sprach: Ein Mensch hatte zwei Söhne. Und der jüngere von ihnen sprach zum Vater: Gib mir den Teil des Vermögens, der mir zufällt, Vater! Und er teilte ihnen das Gut. Und nicht lange danach packte der jüngere Sohn alles zusammen und reiste in ein fernes Land, und dort verschleuderte er sein Vermögen mit ausschweifendem Leben. Nachdem er aber alles aufgebraucht hatte, kam eine gewaltige Hungersnot über jenes Land, und auch er fing an, Mangel zu leiden. Da ging er hin und hängte sich an einen Bürger jenes Landes; der schickte ihn auf seine Äcker, die Schweine zu hüten. Und er begehrte, seinen Bauch zu füllen mit den Schoten, welche die Schweine fraßen; und niemand gab sie ihm. Er kam aber zu sich selbst und sprach: Wie viele Tagelöhner meines Vaters haben

Brot im Überfluss, ich aber verderbe vor Hunger! Ich will mich aufmachen und zu meinem Vater gehen und zu ihm sagen: Vater, ich habe gesündigt gegen den Himmel und vor dir, und ich bin nicht mehr wert, dein Sohn zu heißen; mache mich zu einem deiner Tagelöhner! Und er machte sich auf und ging zu seinem Vater. Als er aber noch fern war, sah ihn sein Vater und hatte Erbarmen; und er lief, fiel ihm um den Hals und küsste ihn. Der Sohn aber sprach zu ihm: Vater, ich habe gesündigt gegen den Himmel und vor dir, und ich bin nicht mehr wert, dein Sohn zu heißen! Aber der Vater sprach zu seinen Knechten: Bringt das beste Festgewand her und zieht es ihm an, und gebt ihm einen Ring an seine Hand und Schuhe an die Füße; und bringt das gemästete Kalb her und schlachtet es; und lasst uns essen und fröhlich sein! Denn dieser mein Sohn war tot und ist wieder lebendig geworden; und er war verloren und ist wieder gefunden worden. Und sie fingen an, fröhlich zu sein« (Lukas-Evangelium, Kapitel 15, Verse 11-24).

Lasst uns essen und fröhlich sein. Das hört sich nicht schlecht an für einen Sünder, der umkehrt, um dorthin zu gehen, wo er über alles geliebt wird: nach Hause zu Gott. Und wer zurückkommt, der kommt auch nach Hause zu sich selbst. Man macht sich auf den Weg, der einzigartige Mensch zu werden, den Gott von Anfang an gewollt hat. Man ist wieder zu Hause. Bei Gott und bei sich selbst.

Die Rückkehr ist in diesem Leben jederzeit möglich. Es sind keine Opfergaben nötig und keine Vorleistungen, um Gott gnädig zu stimmen: »Also hat Gott die Welt geliebt, dass er seinen eingeborenen Sohn gab, auf dass alle, die an ihn glauben, nicht verloren werden, sondern das ewige Leben haben.« Alle, die an Jesus glauben, sind zurück bei Gott. Es reicht, die Bereitschaft für diesen Glauben auszusprechen. Zum Beispiel: »Herr Jesus Christus, ich habe bis heute ohne dich gelebt und bin voller Zweifel und weiß nicht, was ich glauben soll. Wenn es aber wahr ist, dass du der Sohn Gottes bist, dass du meine Schuld am Kreuz getilgt hast und dass dein Wort in der Bibel die absolute, unabänderliche Wahrheit ist, dann bitte lass mich das erfahren. Trete ein in mein Leben und verändere mich, damit ich so werde, wie du mich haben willst. Ich will von nun an mit dir leben, denn du bist mein Erretter und du sollst auch mein Herr sein. Ich danke dir für deine Gnade, die auch mir gilt. Amen.«

Dann sagt Gott: Willkommen zu Hause. Lass' uns essen und fröhlich sein! Gearbeitet wird aber auch. An sich selbst. Auch das übernimmt Gott. Wenn man ihn lässt. Die Bekehrung, die Rückkehr zu Gott, ist der Startpunkt für die Arbeit von Gottes Geist im Glaubenden. Der Geist Gottes hilft, einen Zugang zur Bibel zu bekommen, Predigten zu verstehen, in Gottes Sinn zu predigen und in der Gemeinschaft mit anderen Glaubenden im Glauben zu wachsen. Jesus durch Nachfolge und Nachahmung ähnlicher werden, um es in biblischer Sprache zu sagen. Man wird nie das, was man landläufig unter »heilig« versteht. Aber man lässt vieles hinter sich, was völlig daneben war und wodurch man sich selbst und anderen nur geschadet hat. Jetzt kann man anders. Jesus hatte nicht vor, eine neue Religion und eine Kirchenorganisation mit Funktionären und zahlenden Mitgliedern zu gründen. Das war nie seine Absicht. Er wollte nur eins: eine Gemeinschaft von Menschen, die in engster Verbindung mit ihm leben, die den Geist Gottes in sich haben. Woran sind sie zu erkennen? Sie haben die Botschaft des Evangeliums gehört und erkannt, dass sie mit ihren Sünden nicht vor Gott bestehen können und deshalb die ewige Verdammnis zu erwarten haben. Sie haben ihr sündhaftes und von Gott getrenntes Wesen bereut – haben Buße getan und ihr Leben Jesus Christus als Herrn und Erlöser übergeben. Sie wissen, dass Jesus ihre Sünden durch seinen Tod am Kreuz bezahlt hat und dass er auch fähig ist, sie zu reinigen und ihnen ein Leben nach dem Willen Gottes zu ermöglichen, weil sie den Heiligen Geist empfangen haben und mit ihm ein neues geistliches Leben. Sie erkennen, dass Wachstum im Glauben nicht aus eigener Kraft, sondern nur in der Kraft Jesu und des Heiligen Geistes möglich ist. [70]

Obwohl er einen anderen Mittelpunkt hat, lebt aber auch ein Christ in dieser Welt. Und zwar nicht als knochentrockener, freudloser Sonderling, der andauernd damit beschäftigt ist, den nicht Glaubenden ihre Gottlosigkeit vorzuwerfen. Das ist nicht einmal der Schwerpunkt der Bibel. In großen Teilen des Alten und des Neuen Testaments wird das falsche Verhalten der eigenen Leute kritisiert, der Juden oder der christlichen Gemeinden des Anfangs. Nicht die böse Welt wird zum Hauptthema der Bibel gemacht, sondern die Unzulänglichkeiten, Eigensinnigkeiten und falschen Wege der Glaubenden. In Anbetracht der eigenen Schwächen wird ein Christ nicht anklagend und vorwurfsvoll durch die Gegend laufen, im Gegenteil. Er soll mit nicht Glaubenden Kontakt haben und darf sich durchaus Salomo anschließen: »Darum habe ich die Freude gepriesen, weil es für den Menschen nichts Besseres gibt unter der Sonne, als zu essen und zu trinken und fröhlich zu sein, dass ihn das begleiten soll bei seiner Mühe alle Tage seines Lebens, die Gott ihm gibt unter der Sonne« (Prediger Kapitel 8, Vers 15). Im Hinterkopf bleibt aber die Tatsache, dass es eine »gute Nachricht« gibt, eine rettende Botschaft, ein Evangelium. Was bei passender Gelegenheit auch gesagt werden sollte.

Eine besondere Stellung nimmt aber die Gemeinschaft mit anderen Glaubenden ein, dort in der Beziehung zu Jesus zu lernen, im Glauben zu wachsen und sich von Gott in der praktischen Umsetzung leiten zu lassen. Hier dabei zu sein, ist das spannendste, schönste und sinnvollste Abenteuer, auf das sich ein Mensch einlassen kann. Und eines, bei dem eins sicher ist: Alles wird gut. Der Tod ist für Gläubige nicht das Ende, sondern der Übergang zur vollkommenen Vereinigung mit Gott. Das Beste kommt noch. Oder in den Worten der Bibel: »Und ich hörte eine laute Stimme aus dem Himmel sagen: Siehe, das Zelt Gottes bei den Menschen! Und er wird bei ihnen wohnen; und sie werden seine Völker sein, und Gott selbst wird bei ihnen sein, ihr Gott. Und Gott wird abwischen alle Tränen von ihren Augen, und der Tod wird nicht mehr sein, weder Leid noch Geschrei noch Schmerz wird mehr sein; denn das Erste ist vergangen« (Offenbarung des Johannes, Kapitel 21, Verse 3-4).

Anmerkungen

[1] Keith Ward: God, Chance and Necessity – Gott, Zufall und Notwendigkeit, Oneworld Publications Oxford 1996.

[2] Nach Prof. Dr. Peter C. Hägele: Ist der Kosmos für den Menschen gemacht?, In: E. Beckers, P. C. Hägele, H.-J. Hahn, R. Ortner (Hrsg.): Pluralismus und Ethos der Wissenschaft, Verlag des Professorenforums Gießen 1999, http://www.iguw.de

[3] Roger Penrose: Computerdenken. Des Kaisers neue Kleider oder die Debatte um künstliche Intelligenz, Bewusstsein und die Gesetze der Physik. Mit einem Vorwort von M. Gardner und einem Vorwort zur dt. Ausg. von D. Wandschneider, Heidelberg 1991, S. 336.

[4] Focus Online Wissen: Wer legte die Naturkonstanten fest?, 22.08.2008

[5] In: http://www.wasistzeit.de/interviews/a2.htm

[6] Wenn nicht anders angegeben aus: http://www.weloennig.de/internetlibrary.html

[7] John Polkinghorne und Michael Welker: An den lebendigen Gott glauben. Ein Gespräch, Gütersloher Verlagshaus 2005, S. 36.

[8] Newsweek, 20. Juli 1998

[9] Isaac Newton: Mathematische Prinzipien der Naturphilosophie, hrsg. u. übersetzt von Ed Dellian, Hamburg 1988, S. 226, zit. aus: Tonke Dennebaum: Urknall Evolution Schöpfung, Echter-Verlag GmbH Würzburg 2008, S. 61.

[10] Neue Zürcher Zeitung/www.nzzfolio.ch, 03/1992 –»Ich bin kein Boss«.

[11] Aus: http://www.weltderphysik.de/de/1108.php

[12] In: Die Natur, das Wunder Gottes, im Lichte der modernen Forschung, 5. und 6. erweiterte Auflage 1950/1957, hrsg. von Wolfgang Dennert, Athenäum-Verlag Bonn.
[13] American Scientist, 1985.
[14] Herbert Jantzen, Achim Hähnel (Hrsg.): Die Lehre von Gott. Missionswerk Friedensbote, Meinerzhagen, S. 35f.
[15] http://www.zeit.de/2007/14/T-Cern-Editorial, 29.03.2007.
[16] E. Beckers, P. C. Hägele, H.-J. Hahn, R. Orter (Hrsg.): Ist der Kosmos für den Menschen gemacht? Pluralismus und Ethos der Wissenschaft, Gießen: Verlag des Professorenforums.
[17] Prof. Dr. Detschko Svilenov, Dipl. Ing. Paul Studer, Studiendirektor i.R. Werner Graf: Evolution und Schöpfung im Licht der Wissenschaft, Sluntse-Verlag Bulgarien 2007, http://www.ge-li.de/evolution-wissenschaft.htm, S. 6.
[18] http://de.messages.news.yahoo.com/Nachrichten/Panorama/threadview?bn=DEN-WL-Kirche-Religion&tid=1760&mid=1786
[19] Richard Dawkins: Put your Money on Evolution, The New York Times Review of Books, 9. April 1989, S. 34f.
[20] In: W. R. Bird: The Origin of Species Revisited, Thomas Nelson Co., 1991, S. 325.
[21] Francis Crick: Das Leben selbst. Sein Ursprung, seine Natur, übersetzt v. Friedrich Giese, München & Zürich 1983, S. 99.
[22] D. M. S. Watson: Nature, 1929, Bd. 123, S. 233.
[23] Fred Hoyle und N. C. Wickramasingh: Evolution aus dem All, 1981, S. 125.
[24] In: Werner Gitt: Schuf Gott durch Evolution?
[25] Jeffrey Bada: Earth, Life's Crucible, February 1998, S. 40.
[26] The Enchanted Loom: Mind in the Universe, New York 1981, S. 19.
[27] In: Die ungeheure Reise, München 1959, S. 230.

[28] Evolution: A Theory in Crisis; Bethesda, Adler & Adler, 1986.
[29] Evolution of Living Organisms, Academic Press New York 1977.
[30] Klaus Dose: The Origin of Life: More Questions Than Answers, Interdisciplinary Science Reviews, Vol. 13, No. 4, 1988, S. 348.
[31] http://www.focus.de/wissen/wissenschaft/astronomie/cern_aid_119315.html
[32] http://cosmologystatement.org/
[33] http://www.visionjournal.de
[34] Charles Darwin: Die Entstehung der Arten, übersetzt von Carl W. Neumann, Nikol Verlag Hamburg 2004, S. 188.
[35] John Lennox: Hat die Wissenschaft Gott begraben?, Brockhaus-Verlag.
[36] A. E. Wilder-Smith: Warum lässt Gott es zu? Hänssler-Verlag, S. 15/16. Hervorhebungen im Original.
[37] Reinhard Junker: Leben – woher? Das Spannungsfeld Schöpfung/Evolution, Christliche Verlagsgesellschaft Dillenburg, 3. Auflage 2005 / Hrsg.: Studiengemeinschaft Wort und Wissen, S. 208.
[38] Ders.
[39] Zitiert aus: Humanistischer Pressedienst, Tagungsbericht »Wohin brachte uns Charles Darwin?«, 13. Mai 2008, http://hpd.de/node/4549
[40] Roger Liebi: Der Messias im Tempel, CLV, S. 93.
[41] Ergun Mehmet Caner, Emir Fethi Caner: Das Islamhandbuch, Brockhaus-Verlag.
[42] Zit. aus: Josh McDowell: Bibel im Test, Hänssler Verlag, S. 53.
[43] Carsten Peter Thiede: Paulus – Schwert des Glaubens, Märtyrer Christi, Sankt Ulrich Verlag GmbH Augsburg 2004, S. 142.

[44] Zitiert in: McDowell, 1972, Evidence that Demands A Verdict, Bd. 1, Campus Crusade for Christ, San Bernadino, CA. Aus: Don Batten (Hrsg.), Ken Ham, Jonathan Sarfati, Carl Wieland: Fragen an den Anfang. Die Logik der Schöpfung, Christliche Literatur-Verbreitung e.V., Bielefeld.
[45] In: Die Fakten des Glaubens, 2002, Hänssler-Verlag, S. 84-85.
[46] McDowell: Evidence that Demands A Verdict, Bd. 1, Campus Crusade for Christ, San Bernadino, CA 1972., S. 68. Aus: Don Batten (Hrsg.), Ken Ham, Jonathan Sarfati, Carl Wieland: Fragen an den Anfang. Die Logik der Schöpfung, Christliche Literatur-Verbreitung e.V., Bielefeld.
[47] http://www.weltvonmorgen.org/bibelfernlehrgang/bfl01.htm
[48] Rabbiner Michael Shire: Siehe, die Tage kommen. Textbuch zu den biblischen Propheten und großen jüdischen Persönlichkeiten, Jüdische Verlagsanstalt, Berlin 2002.
[49] Z. T. aus: Israel Ministry Of Foreign Affairs.
[50] Ramon Bennett: Wenn Tag und Nacht vergehen, CKV, 1993, S. 174/175.
[51] David H. Stern: Das Jüdische Neue Testament, Hänssler Verlag 1994, S. XIII/XIV.
[52] Aus: Don Batten (Hrsg.), Ken Ham, Jonathan Sarfati, Carl Wieland: Fragen an den Anfang. Die Logik der Schöpfung, Christliche Literatur-Verbreitung e.V., Bielefeld.
[53] Jüdische Altertümer (XVIII.3.3).
[54] Justinus Martyr: Apologie (I 35.7-9).
[55] Origenes: Gegen Celsus, 2.33.
[56] Julius Africanus: Chronographi 18.
[57] Publius Cornelius Tacitus: Annales, Buch 15, Kapitel 44.
[58] Carsten Peter Thiede: Paulus – Schwert des Glaubens, Märtyrer Christi, Sankt Ulrich Verlag, S. 9.

[59] C. S. Lewis: Pardon, ich bin Christ – meine Argumente für den Glauben, Brunnen Verlag 1995, S. 57.
[60] C. S. Lewis: Gott auf der Anklagebank, Brunnen-Verlag 1995, S. 97.
[61] Nach Peter Stoner: Science speaks, Moody Press, 1963.
[62] Prof. Dr. theol. Eta Linnemann: Original oder Fälschung, Historisch-kritische Theologie im Licht der Bibel, CLV 1994, S. 46+47, Hervorhebungen im Original.
[63] www.wissen.spiegel.de, Spiegel-Gespräch 52/2005.
[64] Zeit online, 14.11.2007.
[65] Martyn Lloyd-Jones: Gott der Sohn, 3L-Verlag, Seite 53.
[66] C. S. Lewis: Gott auf der Anklagebank, Brunnen-Verlag, S. 84.
[67] Prof. Wilder-Smith, zit. aus: http://www.marketing-undvertrieb-international.com/jesus/evolution_schoepfung/14.htm
[68] Norbert Bolz: Das Wissen der Religion, Wilhelm Fink Verlag München, S. 50.
[69] Joseph Ratzinger: Einführung in das Christentum, Kösel-Verlag München, S. 251.
[70] Nach Thomas Zimmermanns: Wer ist ein Christ?, GGP Media on Demand, Kolb.

Haftungshinweis

Mit dem Urteil vom 12. Mai 1998 – »Haftung für Links« – hat das Landesgericht Hamburg entschieden, dass man den Inhalt der verknüpften Seiten mit zu verantworten hat. Diese Haftbarkeit kann – so das Landesgericht – nur dadurch verhindert werden, indem man sich ausdrücklich von dem Inhalt der verknüpften Seiten distanziert. Hiermit erkläre ich – der Autor dieser Seiten – ausdrücklich meine Distanzierung von allen angebotenen Links und vom Inhalt der damit verknüpften Seiten. Desweiteren habe ich keinerlei Einfluss auf deren zukünftige Gestaltung oder Veränderung. Für den Inhalt der verlinkten Seiten sind ausschließlich deren Betreiber verantwortlich.

Weitere Literaturtipps

Arnold G. Fruchtenbaum: Das Leben des Messias, Zentrale Ereignisse aus jüdischer Perspektive, Christlicher Mediendienst Hünfeld GmbH, CMD.
Ders.: Das 1. Buch Mose, Kapitel 1-11, © Copyright der deutschsprachigen Ausgabe 2009 by CMD.
Werner Gitt: Das biblische Zeugnis der Schöpfung, Hänssler-Verlag Neuhausen-Stuttgart 1995.
Ders: Fragen, die immer wieder gestellt werden, CLV Christliche Literatur-Verbreitung, Bielefeld.
idea Dokumentation »Ich glaube an Gott den Schöpfer ...«, Die Frage nach dem Ursprung in biblischer und naturwissenschaftlicher Sicht, idea e. V. Evangelische Nachrichtenagentur.
Carsten Peter Thiede: Wer bist du, Jesus?, Schlaglichter auf den Mann, der in kein Schema passt, Gießen 2000.
Ders.: Ein Fisch für den Römischen Kaiser, Verlagsgruppe Lübbe GmbH & Co KG.
Wolfgang Wegert: Fundamente des Glaubens, 10. Auflage 2008, © 2000 arche-medien Hamburg.

Buchempfehlung

Joseph M. Stowell
Vertrauen
Geb., 224 Seiten

Joseph M. Stowell erinnert daran, dass Gott von uns Anbetung, Hingabe und totale Abhängigkeit wünscht. Anhand der Geschichte des verlorenen Sohns weist Dr. Stowell den Weg nach Hause zu dem Gott, der Sie vollständig und anhaltend erfüllen und Ihnen in der Gemeinschaft mit ihm die Sicherheit geben will, nach der Sie sich sehnen.

EUR (D) 14,90 EUR (A) 15,30 SFR 27,30
Best.-Nr. 273.683
ISBN 978-3-89436-683-4

Christliche Verlagsgesellschaft mbH
www.cv-dillenburg.de